理律法律叢書

理律稅法文集

理律法律事務所　編著

三民書局

財團法人理律文教基金會
LEE AND LI FOUNDATION

國家圖書館出版品預行編目資料

理律稅法文集／理律法律事務所編著.－－初版一
刷.－－臺北市：三民，2006
　　面；　公分.－－(理律法律叢書)
ISBN 957–14–4526–6　(平裝)

1.租稅－論文, 講詞等

567.07　　　　　　　　　　　　　　95008843

© **理律稅法文集**

編著者　理律法律事務所
發行人　劉振強
發行所　三民書局股份有限公司
　　　　地址／臺北市復興北路386號
　　　　電話／(02)25006600
　　　　郵撥／0009998–5
印刷所　三民書局股份有限公司
門市部　復北店／臺北市復興北路386號
　　　　重南店／臺北市重慶南路一段61號
初版一刷　2006年7月
編　號　S 585620
基本定價　參元貳角
行政院新聞局登記證局版臺業字第○二○○號

ISBN　957–14–4526–6　(平裝)

http://www.sanmin.com.tw　三民網路書店

序

如果用一句話，當作本書的核心概念。一言以蔽之：「知其然，更要知其所以然、所應然」。換言之，在討論稅法問題時，不僅要通曉稅法的規定實然，更要有能力追索稅法規定之所以然、所應然。

稅法問題有別於一般法律問題，不能單純以傳統的法學方法解之釋之。由於稅法預設的規範對象是經濟行為的實質內涵。因此，在解說稅法時，就不能不觸及對經濟行為的討論，這時，就需要會計學、經濟學和財政學知識以及商業經驗等相關知識的輔助。這些經濟相關專業分析，在稅法解釋中所扮演的角色，往往比單純解釋法律的形式關係要複雜許多。

只不過稅法畢竟也是以「法律」形式呈現的，其固然不能逸脫法律思維、法律邏輯的運用範疇，也更必須遵從於上位階的憲法和行政法規範以及一般法律原則。但稅務機關以從經濟行為的實質觀點出發，擴大其對稅法適用的裁量彈性，常會使得納稅人權益保障的空間相形縮小。

特別是，當納稅者拿出「租稅法定」的武器時，決勝點又將集中在什麼是法律所定的租稅規範，而回歸到實質租稅法律主義的探究。所以對課稅問題的認識，要從知其然，即課稅者的想法，進入到知其所以然，也就是長久積累稽徵慣行及判決實務的背景原因。

此外，要知稅法之所應然，即使是經濟實質意義也會隨著時代

而變遷，施行已久的稅法更需要合時宜的重新詮釋。應然使納稅者得以突破所以然，也使課稅者更清楚的依法行政。

　　理律法律事務所的同仁憑其對稅法的專業與多年紮實的實務經驗，撰寫稅法專欄文章，並不狹隘地限縮在實定稅法的討論，而多從超乎實然之法律觀與經濟觀探討熱門爭議問題或新制定之法規。

　　很高興，這本超乎實然，究乎應然的稅法專書於今付梓，希望能方便讀者參考，並有助於課納雙方透過對彼此立場的「交換式理解」，縮小彼此在認知上的差異，而能更進一步共同探索租稅法律的理想與精髓。

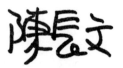

理律稅法文集

序

第一編　稅務的基本概念

第二編　稅課的省思

第三編　跨國企業節稅的關鍵 ── 移轉訂價報告

第四編　併購的租稅問題

第一編　稅務的基本概念

一齣納稅激烈攻防戰的省思

曾　沂

　　媒體大幅報導黃任中君因被認為租稅規劃過於精緻，顯為避稅安排行為，遭國稅局採實質課稅之方法補徵所得稅及罰鍰近 30 億元，黃君公開表示人民有避稅的權利，即使坐牢也不願意繳納半毛錢，行政執行處迅雷式的查封其古董字畫，黃君則說其中有真有假，價值約在 10 餘億元，一時間徵納雙方各顯本領，上演一齣人民公然挑戰徵稅權少有的戲，甚是熱鬧，卻也隱含值得探討的問題，亦即人民不願意繳稅和政府可以課稅的界限到底在哪裡。

　　這個問題有點抽象，理論上雙方中間的那條防線應該要明確而且是唯一的，才能有遵循的標準。不過，事實上那條防線可能只是觀念上存在，可以描述但難以具體界定，是一條隱形的線，至於是直線或是曲線，則要就個案作最後的價值取捨和判斷。

　　憲法第 19 條規定：「人民有依法律納稅之義務。」被稱為租稅法定主義，同時宣示課稅事項之嚴格法律保留原則，類如刑法的罪刑法定主義，同是在保障人民權利思想下所設的義務規定。黃君所說人民有避稅的權利一語，雖然聽起來總令人覺得有什麼地方不太對勁，不過，在法治國要求公法上的權利義務必須用法律明文規定的原則下，也非全無道理。人民如果有本事找到法律的夾縫而穿越，政府便應該修法封住夾縫作為防治，不能藉行政處分直接對穿越夾縫的人民施以格殺的手段。

　　換句話說，法治國原則係要求政府有制定周延法律的義務，法律如果有漏洞，便是政府未盡其義務，所生不利益即應該歸於政府。這樣的立場表面上似乎鼓勵人民鑽營取巧，實際上是責成政府一切依法律行事，依法立法、依法行政以及依法審判。其用意是在於期待政府比人民先守法而且更守法，至於如何讓人民不致終夜不寢以思避稅，這應該是教育守法的問

題，不但遵守租稅法律而且尊重稅法的精神與實質內涵。

不過，政府的稅收也不能只建立在道德勸說的基礎上，在人民有明顯迴避的行為時，對於課稅法律的解釋和適用，便應該將稅法的精神和實質內涵表現出來，這就是課稅機關最後的尚方寶劍「實質課稅原則」。

實質課稅原則並沒有法律明文的地位，本來也不是憲法或行政法的基本原則，只是存在於租稅原理中的原則。由於租稅法律所要適用的經濟事實太過多樣化而且多變化，無論如何立法都不可能對所有可能的交易型態明文規定其租稅效果，如何從抽象的法律去決定具體課稅處分的形成，肯定課稅機關有權對個案作合理判斷當有其必要，大法官解釋亦多次肯定實質課稅原則的運用。

然而實質課稅的運用也非無遠弗屆，必須在法律預定的射程內，課稅機關只能本於合目的性解釋予以援用，超過解釋的範圍，則必須承認法律漏洞的存在或法律無意規範的空間，這兩個領域都應該是屬於人民受憲法保障的權利。但是從近年幾件讓社會譁然的租稅爭訟案件中，不乏稽徵機關以實質課稅為名，不顧依法行政要求之事。

本文無意評價個案的是非，只是藉一齣激烈的納稅攻防戰，提出徵納雙方的行為都應該想到誠實信用四個字。對政府而言，行政程序法第 8 條規定行政行為應以誠實信用之方法為之，並應保護人民正當合理之信賴；對人民而言，誠信原則不僅定在民法第 148 條，且被稱為所有法律原則之最上位帝王條款，顯然已非單純的道德層面或私法問題。

法治國之政府及人民都應該注意自己的誠實信用態度，這就是觀念上抽象存在、法律上具體承認的界限，如果有直線或曲線的爭執，當然最後是由司法機關來決定。

納稅是憲法層級的義務嗎?

李念祖

　　納稅是人民的憲法義務嗎? 一般人的直覺反應大概會說「是」。真的是嗎?

　　憲法第 19 條規定:「人民有依法律納稅之義務」。條文有「人民」、有「義務」,又寫在憲法裡面,認定納稅是人民的憲法義務,大概不會錯了!? 問題是:憲法第 19 條中「依法律」是三個贅字嗎? 再深入一點的問題則是:憲法為什麼要規定人民的納稅義務? 難道稅法不會加以規定嗎? 沒有憲法規定人民的納稅義務,政府就不會要求人民納稅了嗎?

　　理解憲法第 19 條規定的關鍵字眼,正在「依法律」三個字。「人民有依法律納稅之義務」,其實不在規定人民有納稅的憲法義務,憲法的重點甚至未必在規定人民有納稅的法律義務,而是在規定「人民只有法律規定要納稅時才須納稅」,或是「非依法律明文規定,人民不必納稅」的意思。這稱之為「租稅法律主義」或是「法律保留原則」。憲法第 19 條其實是保障人民權利的規定,不是用憲法加課法律所可加課的義務,多此一舉。

　　「租稅法律主義」保障人民權利的思想,根源於「統治者徵稅應得被統治者同意」(也就是統治者非經人民同意,不能自行課稅,也不能拉伕徵兵)的基本立場。西方人說,「不出代議士不納稅」;議會是人民的代表所組成,反映人民的意見;當議會通過稅法時,徵稅才算取得人民的同意。法律必須經由人民選出立法委員組成的立法院所通過,也明文寫在憲法第 170 條:「本憲法所稱之法律,謂立法院通過、總統公布之法律。」憲法特地為「法律」二字立下定義,這正是民意政治的礎石。在憲法第 19 條來說,這個定義具有畫龍點睛的作用。

　　為什麼要追問「納稅是否為憲法層級的義務」這樣一個問題? 因為這個問題的答案,對於理解稅法的體系,十分重要。如果納稅是憲法上的義

務，租稅行政機關不免直接援引憲法規定而課稅；租稅只是法律層級的義務，租稅行政機關自然就要「依法行政」，受到法律保留原則與法律優位原則的約束。

更重要的是，憲法第 19 條規定的是人民的權利而非人民的義務，人民自有立場援用憲法第 19 條作為保障權利的依據，對於違反租稅法律主義的租稅行政命令或租稅行政處分，主張其為違法或違憲以謀救濟。人民甚至尚有主張法律規定違憲的餘地，譬如說，立法若以「租稅」為名徵取人民的土地，人民即有可能主張此為「公用徵收」的行為，不符合憲法第 19 條規定「稅」的固有概念，故屬違憲，應該發還其財產或者給予對價或賠償。

「納稅不是憲法層級的義務」，是人民以憲法為根據避免政府濫用租稅權力的基礎，也是瞭解法治國家租稅制度的第一道重要概念！

再談「納稅是憲法的義務嗎?」

李念祖

　　前面談到「納稅是憲法層級的義務嗎?」的問題，一個相異的觀點是認為納稅是權利也是義務，並未否定憲法第 19 條也是權利規定。此中涉及對於憲法規範的基本認識立場問題，不只是技術層面的文字之爭而已。

　　憲法第二章的標題的確寫著「人民之權利義務」，但這並不代表「人民依法納稅」或「人民依法服兵役」是憲法層級的義務。如果是憲法層級的義務，如果有一天立法院決定人民可以完全不必納稅（例如某一年度完全不課稅）或者不服兵役（例如放棄徵兵制改採募兵制），可能就要發生是否違憲的問題，這將是有些荒謬的推論。我並不是唯一主張人民依法納稅不是憲法義務的研究者（例如臺大的葛克昌教授是憲法義務否定論的前輩），但我也不認為憲法第二章沒有規定任何人民義務（雖然持此看法者，亦確有人在）。我以為憲法第二章規定的義務只在憲法第 21 條，人民有受國民教育的權利及義務。這一條中就沒有「依法律」三字。憲法明文課予人民受國民教育的義務，不是沒有原因的。因為由政府提供國民教育本身是與思想自由衝突的。如果國民教育只是權利，人民基於思想自由可以拒絕國民教育。將之規定為基本權利兼基本義務，是憲法在犧牲思想自由與防止愚民政策中兩害相權的結果。同時作為一種權利與義務的是國民教育，不是納稅與服兵役。人民有要求接受國民教育的權利，但沒有要求國家接受其稅款或當兵的權利，人民只有拒絕政府不依法律使其納稅或服兵役的權利。

　　為什麼要斤斤計較到如此咬文嚼字的地步? 因為事關如何認識憲法的問題。憲法是人民權利的保障書，如果沒有足夠的理由，不會隨便課予人民義務。人民不需要一部憲法加課義務，因為加課人民義務的法令，從過去到將來，都會多如牛毛，不勞憲法再予規定。憲法的主要義務機關，是

政府、是政黨，不是個別的人民。我國憲法加課人民義務的條文，只有兩條，憲法第 21 條是其一，另一條是憲法第 139 條：任何「個人不得以武裝力量為政爭之工具」。這是確保「政權和平移轉」的基礎，所以需要明文規定。

　　人民納稅義務不以憲法為其基礎，沒有任何值得擔憂之處，憲法缺此規定，政府不會放棄該課的稅捐；將納稅看做憲法義務，則有理由令人憂慮，人民與稅捐機關之間的關係將會因此更朝向對人民不利的方向傾斜，不利人權保障。而人權保障，所有的人都該同意，正是憲法終極的責任與存在理由！

納稅是基本人權的對價嗎？

李念祖

　　前面談到納稅是否為憲法義務的觀念盲點。現在要再談談另外一項常見的觀念盲點：「我們納稅、服兵役，所以該享受基本人權的保障。」這種觀念的背後，隱藏著一項聽起來似乎存在於國家與人民的雙務契約——人民用納稅與服兵役來換取國家對基本人權的保護與尊重。事實上，這項雙務契約不但並不存在，也沒有存在的理由！

　　我們每個人應該享受基本人權的保障，理由不是因為我們納稅當兵，而是因為我們是「人」，是應該受到政府尊重（也應該相互尊重）的「人」。否則，繳稅較多或者當兵較久的人們，豈不是應該得到比別人更多的法律保護？更嚴重的問題會是，不納稅或不當兵的人們，豈不是不能享受人權保障？

　　事實上，社會上不納稅、不當兵的人口，可能遠比又納稅又當兵的人口多得多。但是，社會上每個人都應該享受基本人權，不因曾否納稅或當兵受影響。我們不妨計算一下，社會上有約略一半的人口（女人），是沒有當兵義務而不服兵役的。再從另一半人（男人）中扣除兒童及生理上不適合當兵的人口，服兵役的國民其實只是少數。

　　納稅的人口呢？只怕也不如想像中多。因沒有收入而不需要繳納所得稅的人應有相當的比例，他們不會也不該因此不能享受基本權利（例如全民健保）。如果再算上免稅的軍公教人員，社會上又納稅又當兵的人究竟是多數還是少數呢？未滿十八歲的人，是未曾當兵也不納稅的標準族群例證。能說他們因此不該享有基本人權嗎？當然不能。但是，如果我們以為納稅或當兵是享受基本人權的對價，就可能得到「兒童不能主張基本人權」這種錯誤而危險的結論！一個人，即使不納稅不服兵役，也該享受人權保障，得到政府基本的尊重。

　　所以要提出觀念的澄清，當然不是要主張人民不須納稅，也無意鼓勵人民拒服兵役。而是想要說明，納稅作為國民應盡的法律上義務，不可用以交換基本人性尊嚴。人們經營社會生活，透過所選出的代議士們通過稅法，使得獲取較佳經濟地位或獲得較多經濟資源的人，提供其所支配的一部分經濟資源交給政府運用，來達到社會成員相互扶持、相互依存的社會經濟目的，就是租稅的基本道理。納稅與否，基本人性尊嚴均受到保障；納稅與否，不應該成為犧牲任何社會成員基本人性尊嚴的理由。

　　對於未能盡到納稅義務的人，法律加以處罰，並不令人意外，但是仍然要遵守憲法保障基本人性尊嚴的規範，既不能無限上綱，也不能予取予求。法治國雖然可能亦是租稅國，任何人的基本人權均受尊重，卻是不可動搖而且沒有對價的原則。

第二編　稅課的省思

孫行者的緊箍咒
——實質課稅原則與法律租稅主義

李念祖

曾　沂

　　如果「課稅」像《西遊記》裡百折不撓的唐僧取經，護衛唐僧最力的孫行者，或許就是「實質課稅原則」了。

　　所謂實質課稅原則，是相對於「表見課稅」而言，例如「所得」，若是法律上的歸屬名義人與經濟實質享有的人並不一樣，如以歸屬名義人為課稅對象，是為表見課稅原則；如以經濟利益的實質享有人為課稅對象，則是實質課稅原則。實質課稅原則是依照經濟上利益歸屬決定稅捐義務，故又稱為「經濟觀察法」的課稅原則。

　　立法機關以法律規定選擇採取表見課稅或是實質課稅原則，只要不逸出憲法上「稅」的固有定義範圍，並不違反法律租稅主義。但法律若僅規定某種情況應予課稅，而由稅務行政機關自行決定究應以歸屬名義人或實質享有人為課稅對象時，違不違反法律租稅主義？若是稅務行政機關的選擇並不違反法律文義或立法原旨，採取實質課稅原則，亦即應使獲得實質經濟利益而非未獲實質經濟利益者負擔稅賦，也許更能符合租稅公平。實質課稅原則，在免稅的事項亦有適用。大法官即曾解釋無戶籍登記而實際共同生活者也可享受家屬免稅額的好處（釋字第 415 號解釋），就是一例。讓實質上具備免稅事由的人獲得免稅優惠，才算公平。

　　不過，租稅實務上運用實質課稅原則，常啟爭議。原因是稅務行政機關運用實質課稅原則的情形，每每不是在歸屬名義人與實質利益享有人之間從事選擇，而是並無另外的歸屬名義人存在，只就實質利益享有人所享有之利益該不該課稅的問題上，以實質課稅原則之名課稅。其理由，則常

是以為既然確有享受經濟上實質利益，即應負納稅之義務。換句話說，稅務機關如非根據實質課稅原則在兩個（或以上）的對象中選擇誰該納稅，而是單單憑之決定一個人納稅義務之有無，乃可能只是基於獲得經濟利益作為課稅理由。這樣不免即有偏離法律租稅主義唯稅是問之嫌。

　　法律租稅主義的要求是，如無法律明文為據，政府不能隨意徵稅；即使確有具納稅能力的「可能稅源」存在，亦無不同。而實質課稅原則根據「經濟觀察法」課稅，其目標則在尋找可能稅源中的「可稅對象」，即使可稅對象並非法定課稅的對象，亦不放過。依循「經濟觀察法」的實質課稅原則徵稅，既然尾隨實質經濟利害之所趨，常常一個觔斗雲十萬八千里，似乎無往而不利。就像齊天大聖，如無緊箍咒加以制約，天兵天將也束手無策。而法律租稅主義，就是孫行者的緊箍咒。

　　舉例來說，法律規定出售土地所得免稅，公司將該免稅所得歸於股東，因法律未特別規定此時股東應否課稅，故該項經濟利益成為「可能稅源」。依稅法規定，盈餘分配要課稅，資本取回不用課稅，本此原則決定徵免，便是法律租稅主義之精神。最多，也只能對虛藉資本取回形式的盈餘分配運用實質課稅原則。換而言之，稅捐機關若依經濟觀察法對以買賣土地獲利為目的之公司股東課稅，還有可說；但對處分固定資產土地之公司，股東所得經濟利益應符合土地利得免稅之立法意旨，即不得根據實質課稅原則再視之為「可稅對象」。

　　孫行者練就火眼金睛，一眼就可看穿妖魔的原形。稅捐機關運用實質課稅原則，往往也有這樣的自信。特別是人民依據稅法規定從事節稅之行為，常會被稅捐機關認為是利用稅法漏洞逃稅。在孫行者來說，妖魔鬼怪難逃老孫法眼；但一般人肉眼凡胎，卻未必看得出來。於是一般看來合法的節稅行為，可能因為「經濟觀察法」而被指控為逃稅。運用實質課稅原則如果漫無邊際，違法的逃稅與合法的節稅其實很難找到區別。

　　有的論者以為，是逃稅還是節稅，要視節稅安排有無獨立的經濟目的而定，這也是「經濟觀察法」。但節稅原就是一種經濟目的，例如在租稅天堂設立公司，本身就是一種經濟行為，而不能一概視為違法逃稅。運用「經

濟觀察法」，如果只有孫行者看出妖怪，而他人均看不出來，唐僧也許就該唸動「法律租稅主義」緊箍咒了！

廢除印花稅，此其時也！

李家慶

林恆鋒

　　日前財政部向立法院提出印花稅法修正條文，並由立法院財政委員會進行審查，據報載，本次印花稅法之修正重點，擬在增列「承攬契據在國外書立，而承攬標的物所在地或承攬勞務使用地在中華民國境內，仍應依法課徵印花稅」之規定。換言之，修正條文擬將印花稅之課徵範圍由我國境內書立之各種法定憑證，修正為包括在境外書立之承攬契據，只要其承攬標的物或勞務使用在我國境內，皆將課徵印花稅。

　　財政部此次修正印花稅法，究其緣由實因根據現行之印花稅法，在國外書立之契據非屬印花稅之課稅範圍，依法無需課徵印花稅。然實務上，國內許多重大工程之承攬合約，由於其合約金額動輒數十億元甚或數百億元，如於國內簽訂合約，必須按合約金額千分之一繳納印花稅，其金額即可能高達數百萬元甚至數千萬元，故國內若干大型工程承攬之包商為節省印花稅之負擔，遂有遠赴他國簽訂合約之情形，日前立委指出高鐵公司許多重大合約均於國外簽署，共計節省印花稅金額高達三億元，如果屬實，即屬一例。不過，財政部為防杜此種遠赴他國簽約以節省印花稅之現象，已擬修法將對在境外簽立之承攬契約亦課徵印花稅。

　　其實，印花稅的問題並不在於課徵範圍是否應修法擴及於國外書立之承攬契約，而在於印花稅本質的根本問題。蓋現行印花稅法僅以特定憑證之書立行為作為課稅對象，不僅不符合現代國家之租稅原理，且不具憲法上「稅」之固有概念的正當性，甚者，並已違反平等原則，且造成重複課稅情形，實非一良善之稅制，茲分述如下：

一、僅以書立憑證之行為為課稅對象，不符合現代國家之租稅原理，且不具憲法上「稅」之固有概念的正當性

按「涉及租稅事項之法律，其解釋應本於租稅法律主義之精神，依各該法律之立法目的，衡酌經濟上之意義及實質課稅之公平原則為之。」司法院大法官會議釋字第 420 號解釋闡釋甚明。準此，人民固有依法納稅之義務，然而「租稅」本身，既屬對人民基本權利之限制，依據法治國原則，國家對人民課稅權之行使，自應符合憲法規範，非依合憲法律不得為之，故憲法上之稅應具有其固有概念，其內容必須具備合理性及正當性之基礎，並依據經濟上之意義及實質課稅之公平原則為之，要非立法者所得任意裁量，否則即較「強制徵收」更甚，而有侵害人民憲法第 15 條所保障財產權及生存權之虞。

印花稅法僅以人民書立憑證之行為，即課予印花稅，其除財政收入之唯一目的外，實無法指出印花稅本身作為一項「租稅」，有任何合理性或正當性之基礎，或具備何種經濟上之意義，至如僅因其具有法律形式之依據，即謂以此種稅目作為課稅依據具備憲法上「租稅」之意義，無異承認立法者得任意制定法律，以任何不具經濟上意義或正當性的稅目作為依據，課徵人民稅捐，剝奪人民財產，果真如此，則政府又豈非只要完成立法，亦可按大型集會之參加人數課徵人頭稅？但如果我們承認應予人民適當補償之「強制徵收」尚應具備合理之「公共目的」，則對於任何「租稅」之課徵，自然必須要求具備經濟上意義及正當性。印花稅以書立特定憑證之行為為課稅對象，或有其過去的歷史時空背景，然時至今日，書立憑證所表彰之經濟行為，現行相關稅法既已分別就其產生之所得及營業額依法課徵所得稅及營業稅，則再執意就書立憑證之行為另行課徵印花稅，即顯不具任何經濟上意義或正當性，並造成重複課稅，也不符合現代國家的租稅原理，更缺乏憲法「稅」之固有概念的正當性，實為一種惡稅。

二、僅對特定憑證課徵印花稅，違反平等原則

印花稅法對書立憑證之行為課徵印花稅，但卻僅限於特定憑證之書立行為，而不及其他憑證之書立行為，其立法實亦有違平等原則，蓋依現行印花稅法之規定，買賣契據及承攬契據之書立均應課印花稅，但民法上大部分類型之契約，例如委任契約及借貸契約之書立，則無需課徵印花稅，此種課稅對象的選擇，其標準何在，誠令人難解，如謂前二者屬重要經濟活動，則現在動輒數十億元之銀行聯貸合約難道不比一般動產及不動產買賣合約或一般承攬合約來得重要？印花稅實係農業社會遺留的一項落後稅制，與社會現在經濟活動嚴重脫節，實應予以廢棄。尤其，對於不同種類契約之書立行為，在缺乏正當理由下，分別予以課稅與不課稅之差別待遇，此亦顯已違反平等原則。而對於此項已不符合現代國家租稅原理的印花稅制，其貫徹平等原則的方向，絕不應是擴大不合理稅制之稅基，而對於所有契約的書立一律課徵印花稅，而應是廢除印花稅，對於所有契約的書立一律不再課徵印花稅。

三、印花稅實務運作上迭生爭議

由於印花稅法要求特定憑證於書立時，應即貼用印花，但在實務上許多契約究竟屬於承攬契約抑或屬於委任契約，抑或兼而有之，性質上常有爭議，故要求人民於書立時即正確判斷是否貼用印花，實屬強人所難。更不合理的是：一旦判斷錯誤未於書立時即貼用印花，一經查獲即認定屬漏貼印花之行為，可處五至十五倍之罰鍰，此對於經常從事各項商業活動訂立契約之企業或個人，非僅不勝其擾，更須戰戰兢兢。其次，縱使欲恪遵書立憑證貼用印花之規定，如在書立契約時合約金額尚不確定，如何預估合約金額，正確貼用印花，始不致又遭認定故意貼用印花不足而受罰，更常令納稅義務人困擾不已。此外，印花稅法特有之有關正確註銷印花稅票，即「銷花」的繁瑣規定，更凸顯此項稅制的落後，例如印花稅法第 10 條：「貼用印花稅票，應由納稅人於每枚稅票與原件紙面騎縫處，加蓋圖章註

銷之……，但稅票連綴，無從貼近原件紙面騎縫者，得以稅票之連綴處為騎縫處註銷之」的規定，除非是稅務人員或專家，一般人民實難據此即知如何正確銷花，但稍一不慎銷花不實即須遭處五至十倍之罰鍰，印花稅實務運作所招致的民怨，實不勝枚舉。

綜上可知，印花稅法確實是一項不符合現代國家租稅原理且迭生爭議的落後稅制，對於這樣的印花稅法，政府要做的不應是修法擴大已屬不合理稅制的課徵範圍，而應是正本清源審慎思考，基於維護憲法上「稅」之固有概念的正當性，貫徹平等原則並避免苛政擾民，廢除印花稅，此其時也！

土地增值稅減半徵收二年期間應如何認定適用

曾　沂

　　為活潑國內不動產交易，立法院於 91 年 1 月 17 日三讀通過修正增訂土地稅法第 33 條第 2 項，規定：「為促進經濟發展，對於依前項及第 34 條規定稅率計徵之土地增值稅，自本法中華民國 91 年 1 月 17 日修正施行之日起二年內，減徵百分之五十。」此即媒體熱門報導「土地增值稅減半徵收二年」之規定，嗣 1 月 30 日經總統公布施行。

　　由於立法體例及用語較為特殊，遂引發二年期間如何計算之爭議。一般法規之生效日期，係自總統公布或發布之日起算至第三日發生效力，惟如法規特定有施行日期者，依中央法規標準法第 14 條之規定，則自該特定日起發生效力。

　　發生爭議之原因，在於條文中「自本法中華民國 91 年 1 月 17 日修正施行之日起二年內」之文義，究係法規明定自 1 月 17 日施行，或指該項 1 月 17 日通過之法律，自施行之日（2 月 1 日）起算二年。財政部在 1 月 31 日發布新聞稿，表示應自總統公布後第三日即 2 月 1 日發生效力，立法院則表示係明定自 1 月 17 日起實施，另據報載法務部官員及學界，則各有解讀，莫衷一是。

　　有趣的是，報載有件在 1 月 23 日經法院拍賣之案件，債務人（即土地所有權人）認為應減半課徵而提起爭訟，法院審理時行文向立法院詢問法規意旨，結果回覆「請自行斟酌辦理」。法院旋引據立法意旨、立法技術及國家利益等論點，認為應自 1 月 17 日生效，判決稅捐機關敗訴。

　　持平而言，法條之文字，前述二種解釋皆屬通順，徒就文義解釋難有結論。如以立法者之意思而言，則又有立法者心中之真意或立法者透過法

條所表現出來意思之分，在法學方法論上，後者似又優於前者，亦即立法者之意思應就法規所能客觀表現出來者為是，未可一概依立法委員事後之意見為唯一之依據。

財政部舉出土地稅法第 39 條之 2 第 4 項規定「本法中華民國 89 年 1 月 6 日修正施行後……」及農業發展條例第 18 條第 1 項規定：「本條例中華民國 89 年 1 月 4 日修正施行後……」等有關生效時間之認定問題，前經行政院農業委員會函詢法務部意見，亦以總統公告日後第三天生效，故主張此次土地增值稅應作一致之解釋較為妥適。依此，財政部之立場可謂有其所本，並非毫無道理。

其實，1 月 17 日生效或 2 月 1 日生效，對於活絡不動產市場之立法目的並無影響，應無所謂必須認定為何日生效之問題，二者之差異應在於實際個案得否適用減半徵收之規定。按財政部歷來之解釋，申報土地增值稅只要在尚未完成移轉登記前皆可撤銷申報，且撤銷後可再以原訂契約重新申報，只要申報日不超過訂約日次日起算 30 日，皆無逾期申報之問題。所以在 91 年 1 月 2 日以後訂約者，均可達到減半徵收之目的。

至於二年期滿之認定，本來應同樣以申報日為基準，惟財政部已於 91 年 1 月 31 日發布臺財稅字第 09104 號函釋，明示如係於減半徵收期間訂約，並於訂約之日起 30 日內申報，縱申報日已逾減半徵收二年之末日，仍應有減半徵收規定之適用，此放寬適用之作法，使生效日期認定之爭議實益亦「減半」。至於 90 年 12 月 18 日至 91 年 1 月 1 日間所訂之契約有無適用之問題，因該期間之訂約者尚無預期減半優惠之通過，2 月 1 日生效對其應無不利益可言。

購買公設地捐贈政府的法律價值判斷

曾　沂

　　高所得者以低價購買公共設施保留地或道路用地捐贈給政府，取得按較高之公告現值評價的捐贈證明後，全額列報綜合所得稅捐贈扣除額，達到減少稅賦效果以為租稅規劃，成為媒體上熱門的租稅話題。財政部屢次表示將設法遏止此類不當避稅之行為，甚至研議追補以往年度稅款之可能性；後來則是朝向以發布解釋函的方式，規範未來捐贈土地須以取得成本作為得列報扣除之捐贈金額。

　　捐贈金額之認定攸關納稅人之稅賦，在租稅法定主義要求下，究竟捐贈金額應以取得成本或公告現值為據？又倘法律對此漏未規範，以解釋函予以補充是否適當？凡此皆屬法律問題，自應從現行法律規定加以客觀的解釋，而暫時不作道德上的評價，否則難免會有偏頗的結論。至於道德評價因素，至多僅能作為立法論層面之考量。

　　所得稅法規定對政府之捐獻，得申報為列舉扣除額或費用，不受金額之限制。納稅人之稅負雖因而減輕，惟相對的政府獲得財產之價值高於稅收減少數。前述納稅人低價購買公設保留地對政府捐獻，並無損於增進公共利益之法律價值，且按公設地之「價值」准許列報扣除，無論是否高於捐贈者之取得「成本」，政府財產之增加數皆高於稅收之減少數，均應屬合法且值得肯定之行為。故購買價格高低基本上與鼓勵對政府捐獻之租稅政策目的，並無關聯，此為探討法律具體規定前，在法理上應有之觀念。

　　低價購地高價申報扣除之租稅安排，其所可減少稅捐之數額高於購地之「價格」，捐獻者可能係以利己之心對政府捐獻，在動機上容有欠純正之處，但政府可獲得高於稅收減少數之財產事實則無影響。倘公告現值較之交易價格更接近公設地應有之客觀價值，且高價（按公告現值）扣除為法之所許，則凡有客觀上之捐獻行為者，均可依一定之「高價」計算減輕其

納稅義務，此為適用法律所生結果，稽徵機關似不得再以納稅人係低價購進而從低核認捐贈扣除金額。

　　關於捐贈扣除金額之認定，所得稅法並無明定，就租稅法理及會計原則而論，當以財產之公平價值為斷。土地因有其地域固定之特殊性，且無隨時可成交之公開市場及明確市價，尤以長期持有之土地，公平價值難以客觀衡量，在稅捐稽徵上為便課稅及為符合法規明確性原則，遺產及贈與稅法第 10 條第 3 項爰特別規定：「第 1 項所稱『時價』，土地以公告土地現值或評定標準價格為準。」作為準據。對政府捐獻之本質為無償給予他人財產之贈與行為，應可參照上開認定贈與金額之規定，作為所得稅可扣抵之金額。

　　其次，財政部 65 年 3 月 5 日臺財稅第 31381 號函釋：「依遺贈稅法第 10 條規定，土地贈與移轉『一律』按土地公告現值或評定標準價格計課贈與稅，贈與人申報贈與土地之價格較公告現值為高者，仍應按土地公告現值或評定標準價格核課贈與稅。」明示申報較高之贈與金額（或許為時價）仍按較低之金額課稅，依舉輕以明重之法則，按公告現值申報贈與者，亦應不得改依較低之時價核課贈與稅，足見土地之時價在課稅上悉按公告現值計算。對政府之捐贈不計入贈與總額課稅，但對贈與標的物之評價應無不同為是，如為減少捐贈者之扣除額，捨土地在稅法上已明定之估價標準，將造成對同一財產在不同稅法有不同之價值衡量標準。

　　應再討論者，就所得人（政府）取得受贈財產之所得面而言，參照所得稅法第 14 條第 2 項規定：「前項各類所得，如為實物、有價證券或外國貨幣，應以取得時政府規定之『價格』或認可之兌換率折算之；未經政府規定者，以當地時價計算。」故應先視所得稅有無經政府規定受贈土地所得之「價格」？如無之，則應探討「以當地時價計算」之「時價」究為交易價格或公告現值？

　　在所得稅法，政府並未規定受贈土地所得之價格，所回歸「當地時價」之概念為何？即成為問題之核心。公告現值制度姑不論係為課徵土地增值稅，惟公告現值係於市場價格調查後由不動產評價委員會核定，應具有尚

稱客觀之「時價」意義。況公告現值通常低於市價乃眾所皆知之事，故以公告現值作為所得稅捐贈得扣除金額，並無高估所得稅法規定之「時價」情形，且未脫離所得稅法所採「時價」之概念，實務上受贈之地方政府以公告現值核發捐贈證明，即難謂有違所得稅法之規定。

關於「時價」一詞，自文義言，係指當時之客觀市場價格，公設保留地目前之客觀市場價格為公告現值之二成左右。然唯有正常交易下之售價方能表現財產之客觀價值，公設保留地既然有約當於公告現值之價值，地主靜待徵收尚可依公告現值加成補償，用以抵繳遺產及贈與稅至少可按公告現值計算，其所以願意低價出售之原因，實出自政府徵收補償無期，而地主亟需資金，故目前公設保留地之市場價格顯未能反映土地應有價值，而欲將時價解為真實交易價格，則須有足以表現標的價值之正常市場為前提。

財政部長曾表示80年8月29日臺財稅第800300436號函釋，捐贈物資之估價，如係捐助者向外購買者，以購買價格計算之，財政部可依此意旨處理。惟函釋係針對透過紅十字會等團體對大陸水災之捐贈案件所為之解釋，其所指購買價格當亦係指正常市場之公平市價，如有曲意避稅而以顯不相當之高價向特定人購買者，相信稽徵機關亦當有所質疑。更應注意者，該函釋之捐贈標的不可能包括土地，前述土地時價之不明確性、公告現值與時價之趨近性、政府遲不徵收補償之背景以及低價出售背離財產應有價值之事實，均未在該函釋考慮之內，故該函釋非可作為核稅之參據。

有學者撰文認為，如以政府規定之公告現值計算，則因道路用地之土地上負有公用通行地役權之負擔，此項負擔應自公告現值中扣除，才是捐贈土地之價值，且財政部75年1月30日臺財稅第7520395號函釋遺產土地之價值可減除地上權，故依法不應也不宜以公告現值計算。此項見解自不同之觀點探討法律之解釋與適用，固有所見，且「贈與附有負擔者，由受贈人負擔部分應自贈與額中扣除。」為遺贈稅法第21條定有明文。

惟提供道路供公眾通行乃政府自己固有之行政義務，公用通行地役權並非因贈與附隨而來，可否自捐贈公設保留地扣除地役權之金額，並非無

疑。上開函釋遺產土地價值可減除地上權，則係依扣除被繼承人生前負債之法理，有利於納稅義務人，應與本件爭議無甚關係。

再者，公設保留地之土地現值，係依平均地權條例施行細則第 63 條規定辦理，所列五款之查估計算基準，並無因公眾通行而影響其估價之因素。如依公設保留地會因地役權而價值減損，且政府取得之土地附有負擔應予減除之理，則政府不應按公告現值甚至加成徵收保留地。反面而言，徵收補償如減除地役權負擔部分，則發生政府將提供道路供人民使用之義務轉嫁予地主之結果。依此推論，似亦無扣除地役權以認定捐贈扣除額之理。

綜上說明，購地捐贈以實際購買價格認定捐贈扣除額，在現行法規欠缺明文及法理基礎上，皆有可再斟酌之餘地；以公告現值認定可扣除之捐贈額，亦難謂為於法不合。財政部以發布函釋作為未來課徵之法令依據，恐易引起租稅爭議問題。至於對容易引發租稅安排行為之誘因，如認為須有防制之措施，因捐贈扣除額之認定影響於納稅人稅負之多寡，基於憲法保障租稅法定主義之精神，應於所得稅法中明定估價之標準，或仿照遺贈稅法施行細則，在所得稅法施行細則中規定時價之認定標準，才符合法治國原則之要求。

勞務報酬和其他所得是一種浮動的課稅概念?

曾　沂

　　媒體報導財政部對於外國銀行協助本國公司到海外集資的承銷費收入，將認定為取自中華民國境內之其他所得，劃入中華民國來源所得之範圍而對之課稅。

　　在此之前，一般以為承銷費收入係屬提供勞務之報酬，應以勞務提供地判斷所得來源國。倘勞務在國外提供，依所得稅法第 8 條之認定基準，並非我國來源所得，完全不是所得稅法規範之對象。倘將承銷費收入認定為其他所得，則是以取得地決定所得來源國，只要取自我國，便可能須繳納我國之所得稅。

　　自法律適用之法則而言，是應該先界定經濟行為產生所得之屬性，亦即先對所得定性，再依定性之所得類別決定其所得來源國及課稅主權。如果是先決定要課稅，再將所得解釋成可課稅之所得類別，將很容易逸脫出國民對法律的認識，也會讓外國人與我國人交易遭受課稅之突襲，長此以往，更使稅法之體系結構越來越不清楚而爭議叢生，難怪報載會計師表示將有打不完的行政救濟官司。

　　所得稅法第 8 條把所得類別分為 11 款，前 10 款為列舉式規定，第 11 款則為概括式規定，在體系上自應是無法涵攝於前 10 款之所得者，才能論以第 11 款之其他所得。

　　問題在於第 3 款規定「在中華民國境內提供勞務之報酬」是否專指個人提供勞務為限? 營利事業訂定勞務契約獲取之報酬不能稱為勞務報酬，而一定應歸於其他所得? 至少曾有稅界人士傾向此見解，此次財政部擬定依其他所得課稅，可能亦是依相同之理由排除適用勞務報酬之規定。

　　不過在法律上，提供勞務之法律關係並不限於個人，僱傭是典型的個人提供勞務之契約，而承攬在乎完成工作自亦須勞務，承攬標的雖重視勞務之結果而非如僱傭重視勞務之本身，但承攬仍不失為提供勞務之契約，除非稅法係明文規定「個人在中華民國境內提供勞務之報酬」，否則限縮勞務報酬之範圍，可能違反文義解釋，而悖於租稅法定之原則。

　　從立法之沿革亦可說明勞務報酬與主體是個人或營利事業並無關係，原來第 8 條第 3 款之勞務報酬，自民國 61 年 12 月 30 日修正規定：「個人在中華民國境內提供勞務之報酬。」理由是：「依照通行原則，凡在本國境內提供勞務而取得之報酬，均應視為本國來源所得。」故勞務報酬不限於修正前所規定「在中華民國境內受僱或獨立執行業務之勞務報酬」，但是明文規定僅適用於「個人」。

　　嗣後 66 年 1 月 21 日再修正為現行條文，則不再限於個人，立法理由亦說明：「將『個人』二字刪除，藉以包括個人及營利事業在內。」前述修正使勞務報酬之適用範圍越來越寬，卻也因此肯認營利事業得為勞務報酬之適用主體。對於營利事業在境外提供勞務之報酬，自可依本款規定認為非屬中華民國來源所得，乃法律之當然解釋。

　　在稽徵實務上，財政部亦曾發布多則解釋是有關於事業提供勞務，例如「國外驗船機構在國外提供勞務之報酬不屬我國來源所得」、「在我國境外提供勞務之外銷佣金免稅」、「航空公司支付修護費其勞務如在國外提供無稅負」、「律師、會計師在國外提供勞務之所得非我國來源所得」等等。這些函釋皆屬一、二十年前發布，但近年則頗有取向於其他所得之趨勢，使得「勞務報酬」與「其他所得」成為一種浮動的課稅概念，財稅機關似應考量法律明確性原則之要求。

　　就外國銀行協助本國公司到海外集資的承銷契約，或許其報酬並非單純之勞務對價，但是在進入「其他所得」之領域前，是否仍可先考量第 9 款在中華民國境內經營工商之盈餘，如其營業行為係在中華民國境外經營，並未在中華民國境內從事履約之行為，亦即其獲利過程之努力行為是在國外，則所得發生地應認為在國外，其營業盈餘應屬境外經營工商之盈餘，

我國稅法之規定即是如此評價，亦較符合各國有關所得來源劃分之規定。

財政部 76 年 1 月 9 日臺財稅第 7575300 號函釋外商國外總機構直接對我國客戶銷售貨物，應按一般國際貿易認定，不再認定為在華分支機構之營業收入課稅，當亦本於獲利過程貢獻地之法理。

或許財稅機關認為外國人從我國賺走了鈔票，繳納我國之稅捐並不為過，而且籌集資金供國內事業使用，符合營業稅法可依勞務使用地判斷在中華民國境內銷售之標準。惟有所得即應課稅係租稅原理，並非課稅必然之法則，能否對之課稅必須依法律之明文，政策如有改變應先透過修法，且改變政策前亦應斟酌國際間之慣例。

此外，營業稅係採非屬貨物即屬勞務之二分法，且對進口貨物課稅，故銷售勞務之概念全涵的包括提供地及使用地。但所得稅之體制不同，其已逐項分別各類所得之認定標準，「勞務報酬」明定專指境內提供者，營業盈餘亦專指境內經營者為限，海外籌資之承銷費如果符合勞務報酬或營業盈餘之定性，似不宜為課稅之目的而直接跳躍至「其他所得」以獲得應稅之結論。

勞務報酬和其他所得是一種重疊的課稅概念?

曾　沂

　　外國銀行協助本國公司到海外集資的承銷費收入課稅爭議，衍生勞務報酬和其他所得是不是一種浮動課稅概念的問題。適巧財政部又發布有關員工認股權課稅之解釋函，使勞務報酬和其他所得，可進一步探討會不會是一種重疊的課稅概念。

　　財政部發布二則函釋，闡明員工執行認股權憑證，執行權利日標的股票之時價超過認股價格之差額部分，係員工之其他所得。公司免予扣繳，但應列單申報填發免扣繳憑單，且可採用公平價值法或內含價值法計算認列各年度之薪資支出。但發放對象為國內外子公司員工者，其費用即非屬公司經營本業及附屬業務之損失，不得列報。

　　員工認股權課稅之解釋函發布後，與海外承銷費收入之課稅決定所不同者，乃社會一般的反應，包括學者和會計師多表示贊同，且認為以時價和認股價格之差額課稅，已有時價課稅觀念，有助於賦稅公平。媒體並預期員工紅利按時價課稅將是財政部下一個努力目標。

　　姑不論科技業者代表強力主張應比照員工紅利按面額課稅，對於員工認股權課稅問題，一般之討論著重在認股時是否足以表徵納稅能力，以及所得是否實現，其次便是本文所要討論究應視為薪資所得或是其他所得的問題。

　　所得稅法第8條規定11款所得類別，前10款列舉及第11款概括式規定之其他所得，依法律體系及解釋原則，除了無法涵攝於前10款之所得才能論以第11款之其他所得外，倘所得能符合其中一款之所得類別，則不能再認為亦可符合他款之所得類別，以免造成法律概念之重疊及適用之疑義。

員工行使認股權之所得，純粹從其性質觀察，公司訂定員工認股權計畫，以低於市價之價格出售股票給員工，有實質上經濟利益之犧牲，相對的從員工更賣力之服務獲得補償，而有相當於薪資費用之額外酬勞意義。因此，美國會計原則委員會 (APB) 發布第 25 號意見書，規定應於認購股數及認購價格均已確定之衡量日，以該日之股票成交價格及認購價格之差額，作為遞延酬勞成本，於規定之員工服務年限內攤銷轉入薪資費用。

嗣美國財務會計準則委員會 (FASB) 認為上開規定可能造成低估雇主之酬勞成本，或者為達盈餘目的而採用固定條件之認股計畫，遂發布第 123 號公報「員工酬勞性認股計畫之會計處理」表示鼓勵採用「公平價值法」，但因公平價值並非公平市價，係依一定之評價模式計算而得，不夠客觀明確且可能高估企業之酬勞成本而備受批評，所以 FASB 未強制實施取代 APB 第 25 號意見書之會計處理準則。

無論酬勞成本如何衡量，會計原則從經濟實質面判斷為公司之薪資費用，相對員工而言，基本上亦應作為薪資所得為是。或許是因為員工取得認購股票尚須透過處分以實現其利益，其所得資金之來源係取自買受人而非公司，而使員工之所得類別不一定須與公司之費用類別一致。其次，如認為係員工之薪資所得，可能產生公司之扣繳義務如何處理之問題，所以最後決定認為係屬員工之其他所得。

此種結論基本上不影響本國認股權給本國員工之稅負，但如果遇有國外母公司發給國內子公司員工之認股權，將使國內員工取得之其他所得，依取得地判斷將成為不課稅之境外所得。若財政部於此時再將此其他所得，認為係因該員工提供勞務始有所得之發生，改以勞務提供地判斷所得來源國，則發生同一性質之所得，因國外認股權或國內認股權而有不同之結果，而使勞務報酬與其他所得發生重疊之現象，造成法律邏輯之矛盾。

甚且當國內母公司發給國外子公司員工之認股權，能否復可主張回復其他所得之歸類而對之課稅，或者直接依薪資扣繳規定完成課稅，或者依勞務提供地而不課稅（公司不能列作費用之解釋，並不等於免考慮對所得人課稅），將成為令人頭痛又帶有討論趣味的難題。

　　我國在快速國際化以及新型態之交易或商品不斷出新的時代，常常發現所得稅法讓財政部有不敷使用或左右觸礁之處，問題應在於所得稅法是否符合體系自足之要求，如果不夠完整，或是應配合國際化和現代經濟而作調整，則老稅法就是好稅法的觀念，也應該改變了。

海外募資承銷費用課稅爭議

曾　沂

　　海外募資承銷費之收入是否為中華民國來源所得，涉及承銷費收入之所得類別及所得來源地之判斷，究應歸屬所得稅法第 8 條第 3 款勞務報酬、第 9 款在中華民國境內經營工商之盈餘，以及第 11 款之其他所得，在觀念之理解上及法律適用之法則上，各有分際及順序，不可混淆。

　　稅法所定中華民國來源之各類所得，不應該是浮動之課稅概念，也不可以是重疊的課稅概念。惟若不客觀的從經濟行為本質去討論所得類別並決定所得來源國，便很容易使課稅與否之結論可遊走於所得稅法第 8 條各款之間，使一項收入之性質，得謂之數款所得皆可，亦得謂之數款所得皆是，造成浮動與重疊問題，也創造或徵或免之操作空間，現代法治國之行政當避免之。

　　財政部 93 年 5 月 18 日發布之解釋，認為承銷商提供之服務範圍，除規劃與執行流程之外，尚涵蓋發行當地之申請、輔導、送件、與主管機關聯繫，以及承銷等業務行為，並非單純在國外提供勞務，而其服務內容係綜合性業務服務之提供，故屬在中華民國境內取得之其他收益，進而獲致應課稅及應扣繳之結論。函中並明示 93 年 6 月 30 日以前給付之承銷費，由稽徵機關先行輔導限期補辦扣繳及申報，未依輔導辦理者即予處罰。7 月 1 日以後給付之承銷費則不再輔導，逕由稽徵機關查明依法處理。

　　依解釋文之內容，分別有「提供承銷等『業務』行為」、「尚非單純在國外提供『勞務』」、「係屬於綜合性『業務服務』之提供」、「應屬於『其他收益』」等文字，可見解釋之論理，係肯定承銷費報酬為提供勞務之對價性質，承銷之行為復屬經營業務之服務，如非單純在國外提供勞務，則因其綜合性服務關係，應歸類於其他所得課稅。

　　反面言之，倘承銷商、保管機構及其他承銷之各項代理或服務機構，

就其負責之工作範圍，可認為單純之勞務報酬，即可依勞務報酬之勞務提供地判斷標準以決定所得來源國。如在國內、國外皆有提供勞務時，則按國內提供勞務部分之報酬認定為中華民國來源所得。

　　其次，如係綜合各項所得性質之業務服務，其服務兼有各種所得類別，則合併以其他收益之所得類別課稅。其他所得之來源國判斷，依立法理由所示，係以取得地是否在我國境內為準，取得地所指為何，並無進一步之闡明，過去稽徵實務多以「取自我國之交易對象」即認為取得地為我國，全部皆應課徵我國所得稅。

　　取得地之用語，依文義應有地域之內涵，從所得發生之「已賺得」觀點理解，其地域內涵應指賺取收益的活動地為斷，亦即為賺取所得而必須完成其努力之行為地，而非取自我國領域內交易對象之意，否則，將形成凡是其他收益，必為我國來源所得之結果。但基於「從我國賺鈔票，理應繳納我國所得稅」之觀點，以往將「取自我國之交易對象」取代「我國為該所得取得地」之便宜作法，尚不致有太多之爭議。

　　此次財政部將兼有各類所得性質之綜合性所得劃歸為其他所得，並同時考慮綜合性所得一概課稅將衍生國際間課稅權之問題，遂將我國境外提供服務部分予以排除，實有表現「賺取收益活動地」之精神。此從解釋文「尚非單純在國外提供勞務」一語可證，依法律之相反解釋方法，即係排除「單純在國外提供勞務」及排除「國外提供勞務部分」之所得。其在法學方法之運用，乃以實質具有勞務報酬性質之法理，對其他所得為適當之目的性解釋，用心之不易，值得肯定。

　　解釋函在考慮綜合性所得之課稅準據時，未一併闡明第 9 款「在中華民國境內經營工商之盈餘」如何納入課稅或排除，則係有待澄清之問題，此也正是國外承銷商對解釋函爭議最烈之處。其認為承銷商之承銷業務係其經營商業之行為，其盈餘可明確歸屬於第 9 款經營工商之盈餘，與財政部函釋兼有各類所得而合併依其他所得課稅之情形不同。

　　財政部於函釋後亦表示和我國簽訂租稅協定之國家，其承銷商在我國無常設機構者，只由該國政府課稅，如有常設機構，則只就歸屬於常設機

構之利潤課徵我國所得稅。足見財政部將屬於營業利潤之承銷費收入，在有租稅協定之情形，依租稅協定處理。相對於外國承銷商之見解，如無租稅協定之國家，應不改其為營業利潤之性質為是，亦即所得稅法第 8 條第 9 款所規定經營工商之盈餘。就此性質之所得，當可名正言順依前述「賺取收益活動地」之標準，判斷我國來源所得與否，不必將所有之承銷、存託保管收入，一律按其他所得課稅，此亦符合法律列舉規定（營業盈餘）優先於概括規定（其他所得）而適用之法則。

承銷費課稅與否，在過去確非清楚，所以財政部定有輔導措施。而現在承銷費課稅與否，仍存有須再釐清之疑義，財政部似可通盤考慮我國法制及國際間課稅慣例，再斟酌其課稅立場之妥適性。

有工有料就必須依統包合約按全部合約金額課稅?

曾　沂

財政部 77 年 3 月 28 日臺財稅第 770526922 號函釋，外商在我國境內承包工程由國外採購材料等之價款仍應依法課稅。內容指出外國工程包商在我國境內承包建設工程，依約由該外國工程承包商在我國境外採購供應材料及機器設備之價款，應依法課徵營業稅及所得稅。

該函說明二並進一步闡示可申請按所得稅法第 25 條規定計算稅額，而該項國外採購供應材料及機器設備，係屬營建工程之包工包料，應併同其他各項提供技術服務所取得之報酬課稅。上開解釋存在多年，但是實務上對於解釋之適用結果爭議不斷，解釋函應作如何之瞭解，有再予討論之價值。

此種包工包料合約，一般稱之為統包合約，對於外國工程包商之影響，在於境外採購之材料及機器設備，將無法依一般國際貿易原則，把貨物部分之利潤視為境外來源所得，改變原來免徵所得稅之結果。

按照函釋用語「外國工程包商」、「承包建設工程」、「係屬營建工程之包工包料」等文字，似有將統包合約限於營建工程合約之意思。如果認為解釋函之文字，僅係依申請解釋之個案情形而論，解釋意旨並無以營建工程為限，則是否可將統包合約擴及適用於全部「有工有料」之合約，便須探討為何統包合約須要就全部合約金額課稅，以及有工有料是否即無法適用國際貿易原則等問題。

營建工程合約為典型之承攬契約，承攬契約於財產權移轉之最大特色，在於如果是承攬人供給材料，則定作物之所有權先由承攬人取得，再於定作物完成時依買賣之規定移轉所有權於定作人。此種契約亦稱為製造物供

給契約，因具有買賣之性質，故又有稱為買賣承攬。

民法第 490 條於民國 88 年修正時，增訂第 2 項規定：「約定由承攬人供給材料者，其材料之價額，推定為報酬之一部。」亦可表現材料部分之買賣性質。在稅法上，承攬定作物即因物之所在地而被認為係在中華民國境內銷售，進而產生中華民國來源所得。因此，包工包料之營建工程應就全部報酬課稅，有其一定法律解釋之脈絡可循。

不過，稽徵實務上，包括判決實務，則以逆向方式認定，不但擴及營建工程以外之承攬，甚且對於外國營利事業銷售機器設備之合約，如有協助安裝、試車等服務約定時，一概謂為統包合約，先將合約分為設備買賣與技術服務二部分，再將設備買賣之報酬併同技術服務報酬均劃入中華民國來源所得之範圍。判決理由甚至支持課稅機關之主張，認為「本件既非單純之設備買賣及技術服務」，即屬統包合約而應依上開財政部函釋課稅。

就營建工程約定由承攬人供給材料，與銷售設備提供技術協助，二者契約目的之主從關係相反。承包營建工程係以營建為主、採購為輔；銷售設備則以採購為主，提供安裝、試車等服務則係為使設備達於可使用狀態之附隨契約義務，實務將類此主契約收入併入附隨契約內容之收入課稅，不免輕重失衡，似應將附隨之服務併入買賣契約而依國際貿易原則認定較妥。

其次，採購材料設備係承攬人為定作人向第三人購買工程所需貨物，將承攬人該部分之收入課稅，於減除採購之成本後，未必有課稅所得，除非依所得稅法第 25 條採公式型所得計算方式。但是在以銷售設備為主、技術服務為輔之情形，稽徵及判決實務之立場，不但使買賣契約中之服務應課稅，並使銷售設備無法適用國際貿易原則。因該部分收入為外國營利事業之主要所得來源，使原本全部無須課稅之合約，透過二階段之解釋邏輯，先將合約分為買賣及服務二部分，再將主要之買賣併入次要之服務課稅，推翻次要之服務為買賣行為一部分之事實。

再從所得稅法第 25 條觀察，承包營建工程及提供技術服務皆為可適用公式型所得之不同業務，財政部之函釋意旨，無論採文義解釋或體系解釋，

均應指承包營建工程業務之情形，承包營建工程以外之契約，似應以主契約目的認定是否為統包合約。

　　如係買賣契約，附隨於買賣之服務，應無須脫離國際貿易原則而予單獨課稅。倘買賣部分與技術服務部分係分別獨立之契約目的，例如銷售電腦設備，另依買方需求設計軟體，則買賣與服務應異其徵免結果，僅需就技術服務業務申請適用所得稅法第 25 條。若技術服務為主之契約，附帶採購需用之物品，此時雖非營建工程合約，全部視為技術服務收入課稅，仍屬合理之結果，有首揭民法第 490 條之規定可據。換言之，統包合約之概念，應以合約之屬性判斷，以免在籠統的認定下過度課稅。

常見租稅協定之適用問題
——營業利潤之範圍與免稅疑義

林恆鋒

　　我國截至民國 92 年 6 月底止已與全球十八個國家簽訂或草簽全面性租稅協定，其中與十二個國家之全面性租稅協定已正式生效，且包括新加坡、芬蘭、英國等經貿重要國家，而與部分國家，如新加坡之租稅協定更早於民國 71 年（西元 1982 年）1 月 1 日即已生效，惟因我國外交困境之現實與早年企業國際化程度不足，一般企業甚或稅捐稽徵機關，並未充分瞭解或利用我國與他國簽署並正式生效之各項全面性租稅協定。而財政部亦於民國 90 年 2 月 22 日始公布「適用租稅協定稽徵作業要點」作為納稅義務人及稅捐稽徵機關申請適用租稅協定之具體辦法，正因如此，實務上，企業甚或稅捐稽徵機關對於如何適用全面性租稅協定，迭生疑義，本文將就此陸續提出一系列問題。茲先就全面性租稅協定中最常見且重要之問題，即租稅協定中「營業利潤」之範圍及其免稅疑義，加以討論。

　　依據我國與各國所簽署之全面性租稅協定，對於簽約一方之居住於他方產生之營業利潤之課稅原則，均訂有於該他方應如何適用免稅之規定。以我國與荷蘭間之租稅協定第 7 條之規定為例，該條規定為：「一方領域之企業，除經由其於他方領域內之常設機構從事營業外，其利潤僅由該一方領域課稅。該企業如經由其於他方領域內之常設機構從事營業，他方領域得就該企業之利潤課稅，但以歸屬於該常設機構之利潤為限。」換言之，當我國與某一國間訂有此類全面性租稅協定，雙方之居住者（包括個人及公司）於他方產生之所得，將可能不適用外國公司於本國有來源所得之一般課稅原則（例如適用我國所得稅法第 73 條之規定，外國企業之中華民國來源所得或按 20% 之一般稅率扣繳，或辦理結算申報依規定稅率納稅），而

可依下列原則享受免稅待遇：

一、一方居住者之企業，於他方無常設機構，其取自他方，即所得來源國，領域之利潤，其課稅原則如下：

1. 該利潤為租稅協定訂有上限稅率之所得項目（例如股利、利息、權利金等），應於不超過上限稅率（例如 10% 或 15%）之範圍內，在所得來源國納稅。

2. 該利潤如非屬租稅協定訂有上限稅率之所得項目，僅由該企業之居住國課稅，所得來源國不課稅，亦即得享受免稅待遇。

二、一方居住者之企業，於他方有常設機構，其取自他方領域之利潤，以可歸屬於該常設機構之利潤為限，由所得來源國課稅，其餘非可歸屬於該常設機構之利潤，於所得來源國仍可僅依上限稅率或得享受免稅待遇。

惟，上述有關租稅協定營業利潤之課稅原則，在實務上常見之適用疑義至少有下列三點：

一、營業利潤如非屬租稅協定訂有上限稅率之所得項目，於所得來源國免稅，是否必須進一步區分該項營業利潤係屬本業或非本業之利潤，而僅限於本業之利潤始得享受免稅待遇。

實務上，確有與我國訂有租稅協定國家之企業於我國境內取得衍生性金融商品之利潤，因此類所得非屬租稅協定訂有上限稅率之所得項目，而申請適用租稅協定之免稅待遇，但稅捐稽徵機關於審核時對於得享受免稅待遇之營業利潤，是否應僅限於本業，確有疑義產生，亦曾發函他方簽約國徵詢意見，最後稅捐機關雖就該個案核准予以免稅，惟仍未就上述營業利潤是否不限於本業之課稅原則，予以明確統一之規範。筆者認為依據一般租稅協定之協定文字，均僅稱「其『利潤』僅由該一方課稅」，並未區分本業或非本業利潤，租稅協定營業利潤之免稅，應不限於本業利潤，始符合全面性租稅協定互惠之基本原則。

二、如於他方領域內有常設機構，他方領域僅得就可歸屬於該常設機構之利潤課稅，準此，外國企業在我國之常設機構（例如分公司）本身之利潤應課徵我國所得稅，雖無疑義，但該外國企業因提供服務予該常設機

構而取得之報酬，是否仍屬於可歸屬於該常設機構之利潤而應課徵我國所得稅，則尚有疑義。

依我國所得稅法第 41 條規定之總分機構獨立計算損益之精神，常設機構既已獨立計算損益並繳納我國所得稅，其外國企業自其常設機構取得之利潤，應屬於該外國企業本身之利潤，故不應由我國課稅，而得申請適用營業利潤免稅之規定，惟實務上稅捐稽徵機關尚未就此疑義明確予以釐清。

三、適用租稅協定之常設機構，於計算常設機構之利潤時，租稅協定均明訂准予減除為該常設機構營業目的而發生之費用，包括行政及一般管理費用，且不論該費用係於常設機構所在地領域內或其他處所發生。

實務上，常設機構支付或分攤為其營業目的而發生之國外企業費用時，依租稅協定雖可准予減除費用，惟是否須同時視為取得該費用之國外企業所得，而須另繳納我國所得稅，確有疑義，尤其常設機構如係分攤其總機構之行政或一般管理費用時，如一方面准許常設機構減除費用，另一方面卻要求常設機構再將該筆支付作為總機構之中華民國來源所得應代為申報納稅，則上述租稅協定准許常設機構減除在國內外為其營業目的所發生之費用之協定條文，即無意義。

以上係實務上租稅協定適用時有關營業利潤之重要疑義，稅捐稽徵機關宜儘速予以釐清，俾有助我國國際化潮流中與各國間日趨重要之全面性租稅協定的適用。

BOT 之相關租稅優惠

陳民強

林恆鋒

壹、前　言

　　近年來，國內重大公共工程建設之興建，尤其是重大交通建設，例如高速鐵路系統及機場間捷運系統之開發，正方興未艾，事實上為維持我國經濟之持續蓬勃發展，這些重大公共工程及交通建設之推動，實刻不容緩，然而政府財政狀況每下愈況，卻是眾所周知，在這種對於重大公共工程及交通建設之需求孔殷，而政府財政卻捉襟見肘的情況下，以 BOT (Built, Operation, Transfer) 的方式積極結合民間強大力量參與，已正式成為政府推動各項公共工程及交通建設之重要手段，民國 83 年 12 月 5 日正式公布施行的「獎勵民間參與交通建設條例」（下稱「獎參條例」），正是我國引進 BOT 方式推動公共工程建設之濫觴，而民國 89 年 2 月 9 日正式公布施行的「促進民間參與公共建設法」（下稱「促參條例」）更是政府積極擴大推動 BOT 模式之具體表現。然而，一項試圖導引民間資金及技術投入公共工程建設之新政策，必須設計深具吸引力之配套獎勵措施，而其中租稅優惠之獎勵，更是不可或缺，本文擬就在 BOT 模式下，參與公共工程建設之民間機構（下稱「專案公司」），專案公司之投資人（下稱「投資人」）以及承包專案公司各項工程之承包商（下稱「承包商」）三者以及其他關係人，於現行法下所得享受之各項租稅優惠獎勵，彙整說明如後：

貳、BOT 模式下之租稅優惠

一、專案公司

（一）所得稅

參與公共建設之專案公司，依獎參條例第 28 條之規定，得自各該交通建設開始營運後有課稅所得之年度起，得享受四或五年免納營利事業所得稅。此項免稅權利，尚可自有課稅所得之年度起，四年內自行選定延遲開始免稅之期間，其延遲期間最長可達三年，換言之，專案公司得於有課稅所得年度之當年度及其後三年度共計四年之任一年度，自由選擇自何一年度起適用四年或五年免徵營利事業所得稅。此外，專案公司如符合促進產業升級條例（下稱「促產條例」）第 9 條所指之重要投資事業，亦可選擇依促產條例享受自其產品開始銷售之日或開始提供勞務之日起，連續五年內免徵營利事業所得稅，此項免稅權利，亦可自其產品開始銷售之日或開始提供勞務之日起，二年內自行選定延遲開始免稅之期間，其延遲期間最長可達四年，換言之，專案公司得於產品開始銷售之日或開始提供勞務之日之當年度及其後四年度共計五年之任一年度，自行選擇自何一年度起開始適用五年免徵營利事業所得稅。

惟依原「重要投資事業屬於交通事業部分適用範圍標準」第 2 條第 2 項之規定，如已依其他法令享受免徵營利事業所得稅或股東投資抵減之優惠者不得再適用促產條例之上開獎勵，且由於依獎參條例之規定，專案公司可以同時享受四年或五年免稅以及股東投資抵減，而依促產條例卻僅得二者擇一，故專案公司應以選擇依獎參條例第 28 條之規定享受免徵營利事業所得稅較為有利。此外，獎參條例第 29 條及促產條例第 6 條，均另提供專案公司特定設備或技術支出金額百分之五至百分之二十限度內之投資抵減，由於專案公司可選擇延遲適用四年或五年免稅，且於嗣後適用四年或五年免稅期間亦未必所有產品均屬免稅產品對象，可能仍有課稅所得，故此項投資抵減可用於抵減延遲期間之各年度應納營利事業所得稅或免稅期

間非免稅產品之應納營利事業所得稅，另外促產條例第 5 條規定之加速折舊，在需要投資鉅額固定資產之 BOT 模式下，亦可有效降低專案公司延遲期間之各年度應納營利事業所得稅或免稅期間非免稅產品之課稅所得。

綜上，專案公司在獎參條例及促產條例上開免徵營利事業所得稅、投資抵減及加速折舊等所得稅之各項租稅獎勵措施下，將可享受至少七至八年有效稅率極低之租稅假期，其獎勵可謂十分優惠。

（二）關　稅

在關稅獎勵方面，依獎參條例第 30 條之規定，專案公司進口其興建交通建設使用之營建機器、設備、施工用特殊運輸工具、訓練器材及其所需之零組件，經交通部證明屬實，並經經濟部證明在國內尚未製造供應者，得享受免徵進口關稅之優惠，如進口供其經營交通建設使用之營建機器、設備、訓練器材、電聯車、高速鐵路車輛及其所需之零組件，經交通部證明屬實，得提供擔保享受分期繳納之優惠。

（三）地價稅、房屋稅及契稅

獎參條例第 31 條，另外提供專案公司如符合另行頒定之減免標準，得就供其直接使用之不動產應課徵之地價稅、房屋稅及契稅，於興建或營運期間享受適當減免。

二、投資人

為促使投資人投資資金於專案公司，獎參條例第 33 條規定，投資人原始認股或應募記名專案公司因設立或擴充而發行之記名股票，持有一定期間後，得以其取得該股票之價款之一定百分比，抵減其當年度應納所得稅，而且此項股東投資抵減之租稅獎勵尚得與前述獎參條例第 28 條之四年或五年免稅同時享受，並無須擇一適用之規定。

另外，如果專案公司符合促產條例第 8 條所規定之重要投資事業，則投資人於符合該條要件之情形下，雖亦可選擇享受該條所定取得股票款百分之二十之股東投資抵減，惟因此項股東投資抵減與專案公司依促產條例第 9 條所享受之五年免稅，二者僅可擇一適用，且須以未依其他法令享受

免徵營利事業所得稅或股東投資抵減之優惠為條件，故專案公司之投資人應以選擇依獎參條例第 33 條之規定，享受股東投資抵減較為有利。

三、承包商

BOT 模式下，專案公司如將部分公共工程建設及交通建設發予國外承包商承包，在現行所得稅法下，提供國外承包商一項重要之免稅優惠，亦即承包商得就其因提供專利及其他技術服務之權利金收入及技術服務報酬，依所得稅法第 4 條第 21 款之規定申請免稅，此項租稅優惠有利於引進外國新進之專利或技術投入我國公共工程建設。

四、其他關係人──外國金融機構

所得稅法第 4 條第 22 款規定「外國金融機構」對我國境內法人所提供用於重要經濟建設計畫之貸款，經財政部核定者，其所得之利息得申請免稅優惠，BOT 模式下各項公共工程建設之融資如向國外金融機構取得，可適用此項利息免稅之優惠，自有助於國外金融機構融資之取得。

參、結　論

全球開發中國家為求國家經濟之持續繁榮與發展，必須積極加強各項公共工程及交通設施等基礎建設，而如何建立一套深具吸引國內外資金投入這些基礎建設之獎勵投資模式，即為各國政府所極力努力之目標，而 BOT 模式正是其中最具前瞻性的作法，我國目前籌劃興建中之高速鐵路及機場間捷運系統，均為 BOT 模式之試金石，國人莫不寄予莫大期許，因此，政府為獎勵 BOT 模式下進行公共建設之各個參與者，乃給予各項獎勵措施，其中租稅優惠之獎勵更具舉足輕重之地位，本文略述在現行法下專案公司、投資人、承包商以及其他關係人所得享受之各項租稅優惠，值得有意藉 BOT 模式參與國家重要建設之企業經營者深入研究。

併購移轉財產不課徵營業稅之觀念演進

曾　沂

　　併購豁免稅捐的規定，始自獎勵投資條例，促進產業升級條例繼而代之，當時免徵稅捐之項目只有印花稅及契稅。89 年 12 月 13 日制定之金融機構合併法，參照促產條例亦僅免徵印花稅及契稅，而不及於營業稅。

　　90 年 7 月 9 日所制定之金融控股公司法，第 28 條創設因營業讓與所產生之營業稅免徵。「營業讓與」依照同法第 24 條之規定，係指讓與全部營業及主要資產負債予他公司，繳足承購他公司發行新股所需股款。換言之，相當於讓與主要營業或財產，且須取得受讓公司之股權以為對價始得免稅。

　　其後 91 年 2 月 6 日公布施行的企業併購法，規定公司因合併、分割，或是收購財產或股份以百分之六十五以上之股權為對價者，其移轉貨物或勞務，非屬營業稅之課徵範圍，與金融控股公司法所規定「免徵」之用語不同，但金控法所規定「營業讓與」而取得股權對價，可符合企業併購法「收購財產」並以股權為對價，而「非屬營業稅之課徵範圍」之立法意旨與要件。

　　回到營業稅法本身之規範，在中華民國境內銷售貨物或勞務應課徵營業稅，視為銷售貨物或勞務亦同，主要是因為購進貨物或勞務之進項稅額須相對有銷項稅額扣抵對沖，構成營業稅環環相扣之勾稽作用。

　　而加值型及非加值型營業稅法第 8 條規定免徵銷項營業稅之貨物或勞務，將影響其進項稅額之可扣抵比例，故免稅之規定並非真正免稅，連同其後手之效應觀察，反而產生稅上加稅及重複課稅之現象，對營業人未必有利，所以第 8 條第 2 項規定可以申請核准放棄免稅，回到加值型課稅體系。由此可知營業稅規定「免徵」與「非屬課徵範圍」不僅是用語之別，課稅效果亦有實質差異。

　　加值型及非加值型營業稅法第 3 條之 1 規定信託關係人間移轉信託財產，「不適用」有關視為銷售之規定，而不是「免徵」，比較接近「非屬營業稅課稅範圍」之意義，因為信託而移轉財產並非「銷售」之目的，本不在營業稅課徵範圍。除了信託依導管理論不對財產形式移轉課稅之觀念外，避免「免徵」之副作用，相信也是「不適用視為銷售」用語之立法原因。

　　企業併購法租稅措施之立法原則，特別強調不對形式移轉財產課稅，合併消滅公司移轉存貨及固定資產僅為完成併購而為形式上之移轉行為，應如同信託之立法觀念不課徵其營業稅，故明文規定非屬營業稅之課徵範圍。依此而論，金融控股公司法所規定「營業讓與」之併購「免徵」營業稅，宜解為「非屬課稅範圍」而非「免稅」。促產條例在 91 年 1 月 30 日修訂增設合併「免徵」營業稅，亦應作「非屬課稅範圍」之解釋為妥。

　　或許在企業併購法前之立法並無意區別「免稅」與「免徵」有何不同，至少立法者亦非有意區隔「免徵」與「非屬課稅範圍」。同樣是併購行為，基於相同之不課稅法理，各種併購法制中「免徵」營業稅之規定，作「非屬課稅範圍」或「不適用視為銷售規定」之一致解釋，可使併購課稅之體制清楚明確。

　　財政部 92 年 9 月 4 日臺稅二發字第 0920411732 號函釋，認為金融控股公司法是企業併購法的特別法，金融機構合併而移轉貨物或勞務是否非屬營業稅課徵範圍，應優先適用特別法之規定辦理，將產生金融機構與非金融機構併購之營業稅有不同之結果。

　　從特別法優先的觀點固為法律解釋方法之一，不過從併購行為「免徵」營業稅之規範究竟是營業稅體制上之「免稅」或是「非屬課稅範圍」，似乎金融機構與非金融機構並無不同之理。「不課徵」營業稅之觀念，從營業稅法原來所設計之「免稅」和「零稅率」，顯然已經演進到信託、併購等行為並非「銷售」之概念，而劃出「非屬課稅範圍」之第三塊法律空間領域。

技術出資有三種課稅基準的新時代

曾　沂

94 年 2 月 2 日總統公布立法院甫通過增訂之促進產業升級條例第 19 條之 2 及第 19 條之 3，使專利權及專門技術作價出資有 3 種不同的課稅基準，且追溯自 93 年 1 月 1 日起適用。

此項修法導因財政部於 92 年 10 月 1 日發布解釋函，表示自 93 年 1 月 1 日起，以「技術等無形資產」作價抵充出資股款而有所得者，應於當年度申報課徵所得稅。此為第一種課稅基準，課稅時點為作價抵充股款之年度，所得額係以抵充出資股款之金額減除成本計算，所得之類別依財政部之見解係屬財產交易所得。

各界對財政部之課稅立場，咸認為入股金額僅屬技術價值之估計數，須將技術透過產銷活動創造利潤，才能具體實現取得股票之價值，作價出資時所得尚未實現，出資者並無繳稅之能力，財政部之見解不利於知識經濟及人力資源之發展，旋由經濟部提案修法調整所得課稅時點以及所得認定時點之規定。

第 19 條之 2 規定溯及自 93 年 1 月 1 日起，以「專利權或專門技術」作價抵充股款而「讓與或授權」給本國公司，經經濟部認定符合：㈠所投資之公司為新興產業，且所取得之專利權或專門技術係供自行使用；㈡作價認股之比例達認股後已發行股份總數百分之二十以上，且該次作價認股之股東不超過五人者，可延緩五年或於五年內轉讓股份時課稅。此為第二種課稅基準，出資財產限於專利權或專門技術，而不及於其他之無形資產。符合要件者可延緩課稅，所得額則於出資時依所得稅法規定計算，所得之類別則未予明文，有可能「讓與」之情形屬財產交易所得；「授權」之情形為權利金所得。

第 19 條之 3 則規定溯及自 93 年 1 月 1 日起，若經本國新興產業公司

之董事會三分之二以上出席及過半數之決議，發給「專利權或專門技術」作價出資者認股權憑證，則於行使認股權年度計算所得課稅。因執行認股權之年度可能短於或長於發行後五年，作價出資之認股人亦可能屆時因股票無價值而不執行認股權，較之前條之規定，將使課稅期間提前或延後，甚至因不認股而不發生課稅問題，此為第三種課稅基準，所得額係依執行權利日標的股票時價減除成本及認股價格計算之。

增訂上開二法條之基本作用，在於將財政部解釋所持「認股年度即是所得實現之課稅年度」立場，折衝為「認股年度為計算所得之年度，但非課稅年度」，若作價出資係取得認股權證，則「取得認股權年度尚無所得，行使認股權年度為所得實現並應即時課稅之年度」。

在瞭解新訂法律時應留意下列幾項問題：

一、新法僅規定「專利權」與「專門技術」作價出資，與財政部解釋函文「以技術等無形資產」廣泛包括各種無形資產作價出資之情形不同，例如商標、商譽等是。

二、專門技術係指「技術方法」，而不及於「技術服務」。二者之差別在於前者為財產、後者為勞務。以技術服務作價出資既非首揭財政部解釋之對象，亦非新訂促產條例規定之範疇。

三、「新興產業之公司」並非促產條例第8條及第9條所規定之新興重要策略性產業之公司，故另授權經濟部會商相關主管機關決定。

四、關於所得之計算，二法條分別規定「依所得稅法規定計算之所得」及「以執行權利日標的股票之時價超過認股價格之差額部分」。前者之原則為「有時價依時價、無時價依面額或淨值」；後者對於大多數作價投資取得股票為無時價之情形，恐怕亦將回歸執行權利日標的股票淨值或面額計算。

五、個人以技術出資如未能提出取得成本證明文件，法條明定依百分之三十認定，亦即認定所得比率為百分之七十。

就課稅效果分析，作價出資直接取得股票當年度即須先計算所得，然

後適用遞延課稅規定，縱然課稅時點股票毫無價值（可能是出資之技術未能創造價值之故）亦應繳稅。

倘若係先取得認股權憑證，其價值應約當於當時股票之價值，認購價格即可能為象徵性之金額，新法規定認購價格得不受公司法不得折價發行之限制，即此之故。又新法係搭配認股權憑證不得轉讓之規定，使認股權憑證在認股前不具流通性，以鎖定認股時所得人即為作價出資之人，並以此作為不在取得認股權憑證年度認定所得之規範基礎。

緩課股票的命運只有課稅一途？

曾　沂

　　在民國 87 年實施兩稅合一以前，獎勵投資條例第 12 條（後改列第 13 條）及促進產業升級條例第 16 條，都有未分配盈餘轉增資股票可以緩課股東所得稅的規定，直到股東以後轉讓、贈與或作為遺產分配之年度再課稅，似乎是納稅義務在盈餘轉增資時已先確立，緩課只是將納稅的時間往後遞延，依此而言，緩課股票無論後來的「去向」為何，其命運皆是終須繳納「尚欠」國家的稅捐。

　　近年來許多公司因經濟不景氣發生虧損，旋以減資方式彌補虧損，財政部認為減少資本中如有收回以前年度增資緩課之股票，則緩課股票已有「去向」，形同股東將股票轉讓給公司而應於此時課稅，引起股東、會計師和學者質疑課稅的正當性。

　　依租稅法律原則，該不該課稅要從法律的明文作合理解釋，又依所得稅係有所得才課稅之最基本概念，解釋法律時自不可忽略所得是否存在以及實現的問題，財政部對此應不表示反對才是。

　　緩課股票用於減資彌補虧損的課稅命運，在於是否構成法條所規定之「轉讓」，以及依經濟的實質，股票緩課又嗣後減資有無所得實現可言。唯有二方面同時斟酌考量，適用法律才不會常常滋生徵納雙方之歧見。

　　獎投及促產對此條文之前段，均規定免予計入股東當年度綜合所得，而作為轉讓年度之所得課稅，似表示緩課只是納稅時點的延後。但條文尚有後段，獎投規定應將全部轉讓價格作為收益課稅，促產則規定依面額或實際轉讓價格孰低者課稅，財政部 68 年解釋復將獎投之課稅採孰低之方式，足以說明納稅義務係依「後來的」金額計算，即可證明緩課不只是納稅時點問題，尚有認定多少所得應課稅的意義。

　　所以緩課並非國家讓人民先記帳稅捐，而是盈餘轉增資時關於納稅的

金額和時點均欠成熟。因此，緩課股票後來的命運，可能是繳更多或更少的稅，自然也可能是無須繳稅，端看所得之有無及多寡而定。

盈餘轉增資納稅時點的成熟，與認定所得實現的基準有關，而納稅金額的成熟，則與所得的性質有關，且二者必須立場一致，才不會出現法律價值的扞格。對此乍看似很抽象，背後卻有一貫的法理邏輯支持著。

先說所得的性質，盈餘轉增資時，公司既不減少資產，亦不變動股東權益，在繼續經營假設下，只是將盈餘轉變成「永不分配」的資本，形同永遠保留的盈餘。而股東取得股票，既未收到任何資產，亦未增加其投資之權益，只是有更多的股份代表原有之權益。亦即每股淨值減少，每股市價亦將於除權後降低，所以在會計上不認為股票股利是一種收益。

等到股東處分緩課股票時，財政部將面額以下部分稱為股利所得，超過面額部分為證券交易所得。其實面額以下部分並非取自公司之股利，而係處分無償取得股票之所得，該股票以股利為發行基礎，股利所得之性質已轉化為其他所得，倘若價格與面額相等，其所得性質之轉換不影響課稅，相對的，價格與面額不相等時，唯有承認所得性質已有所改變，才能解釋從低課稅的正當法理基礎。

其次關於認定所得實現的基準問題，理論上，緩課股票要等到公司以現金減資時，或是分配剩餘財產時才能視同盈餘分配而課稅。但是在租稅原理上有一重要之觀念，即政府不能等到公司結束那天才課稅，所以法令規定在股東處分緩課股票時，可就變現之金額課徵稅捐，也由於前述所得性質之轉換，而使後來課稅時點由現金減資或解散時提前至股東變現時，不至於違反所得實現之原則，故所得的性質與其實現的時點息息相關。

再回到「轉讓」的問題，股東轉讓緩課股票給他人，可依上述討論決定稅課。股東如因公司現金減資而收回緩課股票，因符合盈餘分配之實質意義，自應對之課稅，稱之為「轉讓」而課徵稅捐，符合立法精神，應予肯定。財政部 81 年有關減資應課稅之解釋原文，亦專指「發還」未分配盈餘轉增資緩課股票「資金」時，立場相當中肯。

但是，如果公司減資收回股票是為了彌補虧損，基於盈餘增資只是永

遠的保留盈餘，則減資亦只是將永遠保留的盈餘用以彌補虧損，亦即形式上註銷股份，效果等同未分配盈餘彌補虧損，股東對於該部分之盈餘所得永遠無法實現（不論是在市場上出售或是取自公司財產），所以不能稱之為「轉讓」。此項論理也可解決現金股利要課稅，與緩課股票減資彌補虧損不課稅，不至於發生違反平等原則之問題。縱使一定要稱為轉讓，至少亦因轉讓價格為「零」，依法令規定孰低課稅之原則而沒有應課稅之所得。

用簡單的稅制追求合理的減免

曾　沂

租稅減免與租稅公平的衝突，一般都指向促進產業升級條例，認為是侵蝕財政的禍亂根源，尤其是大型科技公司高獲利卻完全免稅經媒體披露後，更使最低稅負之呼聲在民氣可用之下銳不可當。

但是除了促產條例的主管機關經濟部，頻為享受獎勵的產業界抱屈，認為不應完全抹煞獎勵產業投資對經濟的貢獻，以及衍生對財政的挹注功勞外，仔細觀察輿論各界不贊同財政部最低稅負方案之主張亦不在少數。故此時社會之共識，只能說是減少過度減免、增進租稅公平之共識，而非實施財政部構想下之最低稅負，且不贊同者之理由應予相當之重視。

先從制度的價值討論，最低稅負起碼的作用，是可以解決因政治現實難以逐一修法改善過度減免的問題。但是最低稅負的價值，也可用以表現納稅人與國家相依為命所應當負起的基本社會責任。前者視最低稅負制為政治運作失靈之妥協式法律修補方法，唯在別無他法下始採取之不得已暫時性措施，納稅人係最低稅負制度的客體對象。後者則視最低稅負制為融合社會價值之法律制度，納稅人成為和國家分享所得的貢獻主體，無論有無修法困難問題，在租稅減免法中本即應有之。

我國所得稅公平性之問題，同時存在於所得稅法及促產條例，所得稅法 20 餘項資本利得與身分免稅，無論是公平性爭議或稅基侵蝕規模均未必亞於促產條例，所得稅法之減免復無如促產條例具有產業經濟政策作用，且歷年幾次取消免稅之議，皆因政治運作困難而失敗，完全符合有必要暫先實施最低稅負之條件，此為消極意義之最低稅負體制。

至於為發展經濟之租稅獎勵，無論財政原則、租稅原理或國際稅制實務皆予肯定，舉世幾無不採產業租稅減免者。產業接受國家財政扶植，亦應盡到最低社會責任的義務，故減免應有一定之上限，稅額不可為零。因

此，促產條例沿襲自早期獎勵投資條例，在減免措施上多半設有抵減上限。而獎勵投資條例即已明指立法理由：「為建立業者負擔社會成本之觀念，每一事業於各年度內可抵減之金額，增訂一定之限度。」乃屬積極意義之最低稅負體制。

法律制度之增添，除手段之有效性外，應同時兼顧最小變動與最小犧牲原則，最低稅負問題不應一開始便進入比例若干或是否配套取消保留盈餘課稅之最終政策爭議，或是比照韓國或美國作法之技術性問題，而是應先檢視實施之對象與實施之方法，然後才是最低課稅之比重及制度周延化之配套措施。

從前面之說明，最低稅負新制似乎應以所得稅法為實施之對象，至於兩稅合一下如何有效運用於營所稅與綜所稅，最低稅負比例若干以及是否營所稅、綜所稅分階段實施，均屬財政部之權責。

至於促產條例因欠缺總抵減上限之規範，導致數項抵減併同適用時，發生稅額為零之失效狀態，解決之方法則僅須由經濟部提案修正促產條例增設總額上限之規定，例如：「適用本條例各項稅額抵減後之應納稅額，不得少於抵減前原應納稅額之百分之五。」財政部與經濟部基於行政專業與分工，可分別對所得稅法及促產條例過度減免問題進行改革，財經二部實無須為最低稅負而爭議不下。

此外，促產條例主要租稅減免均有立法授權行政院制定、檢討及調整減免規模，有關減免過度問題，完全可以行政之手段改善。財政部研議之最低稅負制將使營所稅體制成為原則課稅、例外免稅、再例外最低稅負、然後再加徵未分配盈餘稅，年中復須申報暫繳，其複雜程度乃所未見，且不免有捨現行法制而不用之現象。建議可優先從「用簡單的稅制追求合理的減免」為思考法制之原則，並遵循現行法制以最小變動方法改善減免與公平間之失衡問題。

最後，關於保留盈餘稅，目的無非在銜接營所稅與綜所稅之稅率差距，對於完全免稅之公司，在盈餘分配前至少亦應繳 10% 之營所稅，雖無最低稅負之名，其實在兩稅合一制度下就是一種企業階段最低應納稅額之制度。

眾所主張取消保留盈餘稅之理由，應非在於條件式交換，即以未分配盈餘稅交換最低稅負之課徵，而是希望避免雙重最低稅負制，簡化稅制亦為財政改革重要目標，整合最低稅負與保留盈餘稅，持平以言，值得認真考慮。

近年幾件重大租稅爭訟問題發生之根源

曾　沂

　　稅法不像一般民刑法有很多學說見解的爭論，基本上法條本身的爭議性較少，不過因為社會交易態樣活潑，本於契約自由原則可以產生無限多的變化，實定的法律如何因應而恰如其分的適用，常需要財稅主管機關闡釋法律的本旨，使稅法成為能隨社會自我成長的有機體。

　　因此，稅法有二個特別的現象，一個是解釋函令特別多，常有人抱怨法令多如牛毛，稅法便是其中主要者。不過也有人說毛多的牛才健康，這句話對稅法應該完全適用，但還須進一步要求毛好，否則便會產生第二個特別的現象，就是爭訟案件特別多。實際上租稅爭訟幾乎占了全部行政救濟案件的半數，問題可能在於毛不夠多，也可能是毛不夠好。

　　以近年最引起社會矚目的幾個案件，例如合併虧損扣除的問題、附買回條款債券交易利息課稅問題、資本公積增資再減資課稅問題等等，根源可能都是解釋函令難期周延妥適的結果。換句話說，行政解釋沒有解決法律問題，反而增加了本來不存在的問題，以下分別簡單說明上述爭訟案例發生之原因：

一、合併虧損扣除的問題

　　所得稅法規定公司虧損可以扣抵以後年度的盈餘，於是有人刻意去合併虧損的公司，享受虧損扣除的減稅利益，財政部乃發布解釋被合併而消滅的公司，其虧損不得由存續的公司申報扣除。依照反面解釋，只要讓虧損公司作為合併後存續的公司，便可破解函釋的限制，多年來徵納雙方一直如此處理相安無事，解釋形同虛設。

　　後來大法官解釋認為公司合併不得追溯扣抵合併前「各該公司」之虧損，國稅局於是不論合併日在大法官解釋以前或以後，一律不准扣抵合併

前虧損。臺北高等行政法院以人民受信賴保護的觀點，判決國稅局敗訴，說明了行政機關發布的解釋構成人民信賴的基礎，作成行政處分時不可以置而不論。

二、附買回條款債券交易利息課稅問題

關於債券利息所得之課稅，依照財政部解釋，係以付息時之持票人為納稅義務人就全部利息一次扣繳所得稅，而營利事業可按實際持有期間列報利息收入。金融業常有以附買回條款出售債券給個人投資者，再於發息日前買回領取利息，業者只須申報一兩天的利息收入，卻扣除全部的扣繳稅款，至於投資之個人則不出現在課稅資料上。

國稅局以利息之所得者為投資人，扣繳稅款之抵稅權即非屬於買回領息之業者，乃否准業者扣抵。最高行政法院判決則指出，給付利息扣繳稅款，與扣繳稅款可用以抵繳應納稅額，此為義務與權利相互關聯之規定，國稅局顯然割裂適用法律。雖然判決理由並不著眼在解釋函本身，對於營利事業及個人採取不同認定所得標準而滋生問題，不過本件爭訟案例說明了國稅局不可因解釋函發生問題，而任意決定課稅法律的效果。

三、資本公積增資再減資課稅問題

相似的情形，財政部曾多次函釋公司處分固定資產之所得，非屬營業結果產生，應列入資本公積，公司利用資本公積轉增資，僅為淨值科目之調整，股東自無所得可言，取得增資之股票，免予計入當年度所得課稅，但嗣後轉讓時，應按全部轉讓價格作為轉讓年度之證券交易所得（目前停徵所得稅）。又公司辦理減資以現金收回資本公積轉增資之股票，非屬盈餘分配，而屬股票轉讓之性質，亦不發生課稅之所得。

有些公司成立只是購買土地坐待增值再出售，出售土地免徵所得稅，且依照上述解釋，股東藉增減資取得出售土地利益又完全不必納稅。國稅局遂重新解讀減資與轉讓不同，無論是否此種特別意圖而成立之公司，一概對所有以土地出售所得辦理增減資之公司股東補稅並處罰，顯然與函釋

意旨不符。

　　其實，第一個案例應循修法補足原來所得稅法之遺漏；第二個案例應該是要建立個人投資人的課稅資料，而且其買進並賣回之差價，並不是證券交易之結果，可依實質課稅原則按利息所得課稅；第三個案例則是財政部已明確解釋不課稅，國稅局逕作不同之認定，甚至處以漏稅罰，同樣有人民信賴法令未申報所得卻受到處罰的現象。

　　縱然認為三者皆應課稅，程序上亦應待修法或變更解釋，然後向將來發生效力，或許過去的稅可能少課，但是維護了許多諸如行政誠實信用原則、信賴保護原則、法規明確性原則以及法安定性原則等等保護人民權利的重要法律原則。若只為了行政便宜致生爭訟不斷，最終如又遭判決撤銷，則行政機關可謂全盤皆輸了。

財政部如何解套附買回條款債券交易的課稅爭議（上）

曾　沂

　　民國 87 年間財政部國稅局對於票券、銀行、證券及壽險四大金融業以附買回條款出售債券給投資人，再於即將到期時買回並領取利息之交易，以債券利息之所得者為投資人，給付利息時扣繳稅款之抵稅權即非屬於業者，依實質課稅原則，否准業者扣抵結算申報之應納稅額。

　　經過多年爭訟，最高行政法院 91 年度判字第 1482 號判決撤銷原審判決、訴願決定及復查決定，引起社會歷所少有的高度熱烈回響，即媒體常見「債券前手息案」之報導。本案的震撼力並非單純來自於上百億元如天文數字般的補稅金額，更重要的是，人民受憲法上租稅法定主義保障的具體實現，將因本件判決而發生指標性的作用。

　　本文標題之所以不稱「債券前手息」，乃因債券前手之所得是否遽可定性為利息，正是本案爭議必須重新思考與探討的核心問題，唯有在租稅法律和經濟實質的聚焦處看清楚問題的本質，才能找到雙方完全解套的良方。

　　判決指出，參照司法院釋字第 385 號解釋意旨，法律所定之事項若權利義務相關連者，本於法律適用之整體性及權利義務之平衡性，當不得任意割裂適用。給付利息時應扣繳稅款，與扣繳稅款在結算申報時可用以抵繳應納稅額，此為義務與權利相互關聯之規定，國稅局否准抵繳，對同一所得之權利義務相關連事項，均以不利於業者之準據而作不同之認定，顯然割裂適用法律。又司法院釋字第 420 號解釋固肯定實質課稅原則在稅法之適用，但亦闡明在適用上仍應嚴守租稅法律主義。本件所得稅法並無除外之規定，自應可用以抵繳應納稅額，國稅局顯然添加法律所無之限制，違反租稅法律主義，乃為撤銷之判決。

　　最高行政法院以租稅法定主義優於實質課稅原則，並捍衛法律適用之體系一致性，不但值得喝采，更應表示激賞。過去課稅機關以實質課稅為名，藉行政處分及解釋函令便宜行事的積習，應該認真的檢討改進，才不枉費近年行政法全面翻修以實現法治國理想之用心。

　　值得注意的是，判決同時指出投資債券之買賣雙方，其與債券有關之報酬與風險，諸如債券票面利息之歸屬、利率波動之風險等，倘未發生由賣方移轉於買方之效果，則不生「買賣」之實質，而係以債券作為擔保之「融資」行為，即買方融資與賣方，賣方則支付融資利息與買方。本件系爭交易之報酬與風險並未移轉於買方，其經濟事實為「融資」行為，則業者除按債券票面利率計算持有期間之利息收入外，如有因融資交易所賺取票面利率與約定利率之利息差額，即應核實認列利息所得，予以課稅。業者所舉財政部 75 年臺財稅第 7541416 號有關營利事業可按債券持有期間，依債券之面值及利率計算利息收入之函釋，係就債券單純買賣而為立論，對於系爭債券附條件買回交易具有融資性質者，應無適用之餘地，國稅局對業者之實質上所得未予究明，尚非符合實質課稅原則之本旨。

　　換言之，判決支持國稅局採實質課稅之立場，但認為不准抵繳並非正確之適用結果，實質課稅應運用於對實際之所得者課徵稅捐，並進一步闡明業者之所得範圍。財政部及國稅局研議後決定同樣以法律不得割裂適用、權利義務平衡原則為由，改要求業者申報全部債券利息，如業者主張減除支付前手之利息支出，則應列表載明給付對象並說明有無辦理扣繳。本件爭訟雙方之優劣勢一時間又峰迴路轉，四大金融業者咸皆認為難以理解及無法接受。

　　事實上所得為因，扣繳稅款為果，國稅局以業者列報全數扣繳稅款，即應申報全部所得（全部票面利息收入減除債券融資之利息支出），係由果推因之論理方法，在邏輯上容易導致誤會。蓋申報減除扣繳稅款之業者，倘須以申報全部利息收入為前提，則如判決書所指摘係加諸人民法律所無之限制。若申報減除扣繳稅款不以申報全部利息收入為前提，則業者之申報並無錯誤，國稅局應作成重核復查決定將不准扣抵之原核定處分撤銷而

使本件爭訟落幕。至於業者有無應補申報之所得，核屬另案補徵問題。

　　附買回條款之債券交易，究為買賣或為融資，向來論者分歧，依財政部歷來之解釋，有採買賣說之傾向，法院判決則明示採融資說。在此二說間應如何妥為運用實質課稅原則，認定誰是真正納稅義務人及課徵之所得屬性？其次，金融商品交易之報酬及風險是否移轉，認定基準和一般有形財產交易有無不同？再者，本件爭議問題倘實質課稅原則與法規明確性原則發生碰撞，稽徵機關運用實質課稅武器的射程界線為何？均引發租稅法定主義的憲法保障問題，也影響財政部最終能否在本件爭訟中解套。

財政部如何解套附買回條款債券交易的課稅爭議（下）

曾　沂

　　有關附買回條款債券交易之課稅爭議，唯有在租稅法律與經濟實質的聚焦處看清問題本質，亦即法規明確性原則與實質課稅原則相容的地方，才能找到徵納雙方息爭止訟之道。另債券前手之所得如何定性？金融商品交易之報酬及風險移轉之認定基準與一般財產有無不同？最高行政法院採融資說之見解，在租稅法定主義優位於實質課稅原則下，稽徵機關運用實質課稅原則之界限應止於何處？以及課稅之正當程序等問題，均影響未來重為處分之合法性，財政部在此次遭判決撤銷後，如未徹底體認判決精神即遽予作成新處分，將可能面臨再次撤銷的命運，徒然拱手讓出更多核課期間的課稅權。

　　債券前手之所得定性，在於證券交易所得或利息所得之判斷，二者除決定前手所得應稅或免稅外，連帶亦影響後手有無扣繳及提示前手資料之法律義務。但於探討所得定性問題之前，還有上位之法規明確性問題應先釐清。

　　按行政程序法第 5 條規定：「行政行為之內容應明確。」殆將憲法上明確性原則予以成文化。明確性原則乃由法治國原則所派生，在法律保留原則支配下，法規命令之內容必須明確，就課稅事項而言，才能與實質課稅原則有清楚之界線。判決參照司法院釋字第 420 號解釋明示租稅法定主義優於實質課稅原則，援引實質課稅自須以不牴觸法規明確性原則為其上限。

　　證券交易所得乃因有價證券交易而發生賣買價格增益之所得，利息所得則為資金借貸之時間報酬，二者屬性有別，人民對其實質內涵應得理解並可預見課稅權之行使，所得稅法分別規定為免稅所得及應稅所得，基本

上法規可稱明確。不過，近年來屢有原屬各種屬性所得具有證券交易的外觀形式，轉化為證券交易所得而產生課稅爭議，例如投資設立公司，盈餘保留不予分配，再以高價出售股票減少股東營利所得之所得稅；又如以附買回條款出售債券，使投資人之獲利表現為證券交易所得等是，該等所得之「賺得」，並非證券交易結果所生，只是隨交易證券而「落袋」，此時稽徵機關應得依真正之所得性質課稅。

茲有疑義者，乃何者為單純買賣證券所生，有時並非容易認定，財政部在實務上亦有基於稅務行政便利等因素，以解釋函作成異於本質之所得屬性判斷，本案爭議之解釋函便是一例。參照司法院釋字第 137 號及第 216 號等解釋意旨，行政機關對法規適用所表示之見解得作為裁判規範，此等函釋在性質上應屬行政程序法第 150 條之法規命令或第 159 條之行政規則。

本件雙方爭執之財政部 64 年臺財稅第 36440 號及 75 年臺財稅第 7541416 號函釋，即是債券利息所得或交易所得如何判斷歸屬所發布之行政命令，對所屬稽徵機關及納稅義務人均發生規範效力，國稅局即使祭出實質課稅原則，亦不得違悖上級機關已表示之法律見解，否則有未依法行政之違法。

其次，判決認為 75 年臺財稅第 7541416 號函釋係就債券單純買賣而為立論，對於債券附條件買回交易具有融資性質者，應無適用之餘地。固然是法官依據法律獨立審判，對行政機關之法律見解得表示適當之不同見解，惟納稅義務人及國稅局均無法從上開函釋內容，予以理解或預見該函釋不包括附買回條款之情形，否則便無待行政法院明示不適用，且無須指明國稅局「對實質上之所得未予究明，尚非符合實質課稅原則之本旨」。

換言之，倘連國稅局對該函釋不適用於附買回條款情形都無以認識，則該函釋在納稅義務人之可預見性、可量度性及信賴之下，行政機關仍應以包括附買回條款之見解作成處分，以同時兼顧行政一體性、處分之合法性與法之安定性，此與司法權依據法律獨立判斷有極大不同。國稅局如以上開函釋排除適用附買回條款作成新處分，仍明顯違悖法規明確性原則，

造成實質課稅原則之越位。

正因如此，判決主文僅廢棄原審判決及撤銷訴願決定與復查決定，並無命原處分機關另為適法之處分。此為單純之撤銷判決，具有形成之效力，原訴願及復查決定之行政處分因判決而當然立即失其效力。因判決理由皆在指摘法令見解不當，且本案之爭點唯在於經扣繳之稅款得否不准其扣抵結算申報應納稅額，並無所得多寡及如何歸屬之爭議，而判決理由前段所述國稅局未以融資說核定所得等語，僅係諭知其運用實質課稅原則之不當，並非據為本案判決之基礎。

依行政訴訟法第 216 條第 1 項及第 2 項分別規定:「撤銷或變更原處分或決定之判決，就其事件有拘束各關係機關之效力。原處分或決定經判決撤銷後，機關須重為處分或決定者，應依判決意旨為之。」故判決理由最後所載「另為適法之復查決定」即專指撤銷原核定而言。

最後應再討論者，乃金融商品之價值通常以證券或其他權利憑證形式表彰，與一般財產實體存在不同，也因此金融商品之報酬與風險並非附隨於實體或所有權而移轉。判決以債券票面利率之歸屬及利率波動之風險並未移轉於買方，認為其經濟事實為融資行為，實則不同於票面之約定利率部分，仍有報酬及利率波動風險移轉之實益，此為金融商品之特性，判決所參照中華民國會計研究發展基金會(80)基秘字第 144 號函，有關附買回及附賣回債券交易應視為融資或買賣之判斷基準，容或有討論之空間，惟系爭交易本質在學理及實務通說多採「融資說」，判決依此指出實質課稅可加運用之「切入點」，當洵為確論，堪資贊同。

不過稽徵機關係依法課稅，並非依會計準則或會計理論課稅。縱然融資說較為可採，在前述法規明確性之要求下，財政部應先對附買回條款債券交易以經濟實質觀點作成採用融資說核定所得之解釋，並進一步限縮 75 年臺財稅第 7541416 號函釋之適用範圍，國稅局始得據以對業者及前手分別核認其應稅所得。又應注意者，參照司法院釋字第 287 號解釋，在後之釋示如與在前之釋示不一致時，在前之釋示並非當然錯誤，後釋示原則上係向將來發生效力，方符合實質課稅原則遵從於租稅法定主義之合憲要求。

　　現階段國稅局逕函請業者就買賣斷利息收入及前手利息收入分別列報說明，以為相關利息扣繳稅款歸屬核認依據，同時命將全期相關利息收入及利息支出補辦申報，又須列表載明利息支出之給付對象、金額，併說明有無依規定辦理扣繳及檢附相關資料等一連串調查事項，勢必再度引發行政合法性之爭議，如前段所述法規明確之前提要件尚未完成補正前，業者應列報全額利息收支及扣繳之義務在法規上均非明確，業者仍有主張租稅法定主義之權利。

　　據報載財政部呼籲業者尊重判決，國稅局所為調查係遵照判決行事，業者應配合出示資料。本文於此再次強調判決意旨應非如此的看法，本件爭訟依判決當由國稅局作成重核復查決定，將不准扣抵之原核定處分撤銷，即告落幕。稽徵機關如再漠視現行有效法令之相容性問題，仍只憑藉行政處分決定人民之納稅義務，無限上綱延伸其徵稅權，恐須慎重考慮錯誤方向的再出發，一樣難以達到正確的目的地，結果只是一再的後推其可核課稅捐之期間。

第三編　跨國企業節稅的關鍵

——移轉訂價報告

如何準備移轉訂價報告（之一）

林恆鋒

黃恩旭

　　隨著全球化與國際化的腳步，企業亦日漸將其營業觸角延伸至世界各國，並建立跨國企業，以充分利用各國特有之經濟特色及競爭優勢，創造企業之最大利潤。由於所得稅的課徵將影響企業稅後之利潤，跨國企業面對不同國家之所得稅制度，基於追求全球稅後利潤最大化之目標，常有藉由關係企業相互間之訂價安排，以降低企業集團全球總稅負之情況。為此，有越來越多的國家，如美國、英國、日本、南韓及鄰近的中國大陸等，莫不陸續針對關係企業間之交易價格是否符合常規交易，制定嚴謹之法規及制度。我國之所得稅法第 43 條之 1 雖授權稅捐稽徵機關得就關係企業間有關收益、成本、費用與損益之攤計，如有不合營業常規之安排，致規避或減少納稅義務時，為正確計算該事業之所得額，得報經財政部核准，按營業常規予以調整。但由於我國長期以來並未建立與國際接軌之常規交易價格查核制度，以致稅捐稽徵機關鮮少得依所得稅法第 43 條之 1 之規定，對跨國企業不合常規之訂價進行調整。此一現象足以使跨國企業迫於其他國家強大的查核壓力，而將集團企業之交易利潤儘可能實現於查核較嚴格之國家，並且造成我國稅收之流失，嚴重影響租稅公平。

　　為了和國際租稅發展之趨勢接軌，進而使跨國企業合理分配各國所得稅負，財政部於民國 92 年第四十次全國賦稅會報作成「建立跨國企業移轉訂價查核機制」之決議，成立專案規劃小組，並參考經濟合作暨發展組織 (OECD) 之「跨國企業與稅捐機關移轉訂價指導原則」以及主要國家之移轉訂價法規，於民國 93 年 12 月 28 日訂定發布「營利事業所得稅不合常規移轉訂價查核準則」（以下簡稱「移轉訂價查核準則」）。企業面對此一全新之制度，除了應充分瞭解移轉訂價查核制度之內涵外，更應積極擬妥相關之

因應措施，以免屆時措手不及。

移轉訂價查核制度之主要內涵係一套判斷關係企業或關係人間所為「受控交易」之交易價格是否與「非受控交易」之「常規交易價格」相當之程序及制度；而常規交易價格係指獨立企業在從事與受控交易條件相同或類似之未受控交易時，就相同或類似之商品於相同或類似之經濟狀況下所為之訂價。計算常規交易價格時，首先必須由徵納雙方搜集獨立企業從事非受控交易之訂價資料（即「可比較對象」），再透過各種常規交易方法，計算出常規交易價格範圍。倘若受控交易之價格與常規交易價格或範圍相當，稅捐稽徵機關即不得就受控交易之價格進行調整；反之，若受控交易之價格與常規交易價格或範圍不相當且足以使營利事業減少其於我國境內之稅捐義務時，稅捐稽徵機關則得依常規交易價格或範圍將受控交易之價格予以調整。

「移轉訂價查核準則」之條文共計三十六條，超過半數以上的條文，均係有關於規範營利事業應如何準備移轉訂價相關文據，以建立一套檢驗該營利事業與關係企業或關係人間之「受控交易」之交易價格是否符合常規交易之移轉訂價分析。其中第 22 條明訂營利事業應備妥各種移轉訂價文據，其中最重要者為移轉訂價報告，其主要內容至少必須包括：

一、產業及經濟情況分析。

二、受控交易各參與人之功能及風險分析。

三、可比較程度分析及可比較對象之選定。

四、選定之最適常規交易方法及選定之理由。

五、受控交易之其他參與人採用之訂價方法及相關資料。

六、依最適常規交易方法評估是否符合常規或決定常規交易結果之情形。

由國外實施移轉訂價查核制度經驗來看，移轉訂價報告的前述各項內容，絕非單純會計上或數量上之分析得以解釋並說明清楚，徵納雙方多數的爭議不在於財務數字計算的正確與否，而在於受控交易與非受控交易之可比較程度、可比較對象的選定及最適常規交易方法的選定等非數量的問

題上，此涉及許多法理分析且需嫻熟的溝通與談判技巧，宜配合外部專家以預防可能的移轉訂價爭議。

　　依「移轉訂價查核準則」之規定，營利事業自 95 年申報 94 年度營利事業所得稅時即須備妥「移轉訂價報告」，由於移轉訂價報告十分複雜，營利事業應及早準備，本系列文章將分⑴產業及經濟情況分析；⑵功能及風險分析；⑶可比較程度分析（上）（下）；⑷最適之常規交易方法之選定；以及⑸常規交易分析之執行及結果（上）（中）（下）等主題，扼要為企業介紹準備移轉訂價報告所可能面臨之各項問題。

如何準備移轉訂價報告（之二）
——產業及經濟情況分析

林恆鋒

鄭　荃

　　移轉訂價報告中第一部分之產業及經濟情況分析之目的，係在於對稅捐稽徵機關就營利事業所從事之產業、市場地位，以及國內整體產業現況做一個基本的介紹，俾使稅捐稽徵機關得以對受控交易之產業背景有基本的瞭解。

　　依據移轉訂價查核準則第 22 條關於營利事業應備妥之各種移轉訂價文據的規定，就企業綜覽部分，營利事業必須就包括營運歷史及主要商業活動，以及影響移轉訂價之經濟、法律及其他因素之分析提出相關文據說明。而在移轉訂價報告中關於產業及經濟情況之分析部分，營利事業得以先前就企業綜覽部分所提出的說明為基礎，延伸就針對與受控交易及集團訂價政策有關之部分做較為詳盡之論述，其內容得包含以下部分：

　　一、營利事業從事之產業現況趨勢說明，以及對集團之經營策略及政策之影響。

　　二、營利事業及整體集團之管理經營策略或事業型態特色，例如營利事業之主要業務為開發新市場，或針對既有市場介紹新產品……等等。

　　三、營利事業之事業部門介紹，各該部門於交易年度前若干年之產值、銷售額、營業成果，及占該營利事業總產值之比重……等等。

　　四、營利事業及其關係企業生產之產品及服務之類別與特色的介紹分析。

　　五、主要客戶型態（銷售主力），包含營利事業本身，及其國外之關係企業之主要客戶對象，例如製造商、經銷商，或代工等。

六、競爭市場之規模及所涵蓋之產品服務範圍，及主要競爭者之型態，例如係以外國公司或以本國公司為營運中心之跨國企業為主。

七、市場地位及占有率之說明。

八、針對影響移轉訂價之集團經營策略及公司政策之形成及發展因素的分析說明。這些說明將有助於說服稽徵機關該營利事業所採用之移轉訂價政策實與未涉及受控交易之一般交易市場相同。

此部分文件與資料之蒐集，營利事業得參考其現有之公司簡介、產品說明、營運計畫、營業報告書、年報、公開說明書，或檢視公司之相關經營或訂價策略，是否有做成之簡報或手冊等書面文件以為依據；產業分析報告部分則可參酌是否有同業公會之相關統計報告為基礎。

營利事業如屬於跨國企業之在臺子公司或分公司，一般而言由於跨國企業之國外母公司或總公司或其他關係企業，近年來為因應各國移轉訂價之法令要求大多已訂有全球性之移轉訂價政策或報告，故跨國企業之在臺子公司或分公司，在準備產業及經濟情況分析時，可以集團全球移轉訂價政策或報告為藍本，再針對臺灣地區產業及經濟情形與子公司或分公司營運有關之基本資料，依前述八項要點內容加以論述。

值得注意的是，移轉訂價報告中所要求的產業及經濟分析，並非產業經濟情況的學術分析，無需提出鉅細靡遺的分析報告，僅需就營利事業本身之產業及相關經濟情況做一扼要分析，作為移轉訂價報告中受控交易各項後續分析（包括功能及風險分析，與非受控交易之可比較分析等）之基礎產業及經濟資訊。

如何準備移轉訂價報告（之三）
——功能及風險分析

林恆鋒

羅淑文

營利事業與其具有從屬關係之國內、外其他營利事業，或營利事業與直接、間接所有或控制該營利事業之國內、外其他營利事業間進行交易，於決定其等所進行之交易是否符合常規交易時，營利事業與稽徵機關可依「可比較原則」進行評估。所謂「可比較原則」，乃指非關係人於可比較情況下，從事可比較未受控交易之結果為常規交易結果，以常規交易結果分析受控交易是否符合常規交易。簡言之，營利事業為向稽徵機關說明其與關係人間之交易，並無不合常規移轉訂價之情形時，應提出其與未受控非關係人間之交易為例，說明其與關係人及非關係人間之相同或類似之交易，並無明顯之訂價差異。

但並非任一非關係人之交易均具有可比較性。而且，縱營利事業就提供相同產品或服務與關係人之價格，與非關係人之價格相同或相仿，並非當然可認為該非關係人之交易，即與受控交易具有可比較之基礎，進一步主張營利事業與關係人間之受控交易屬常規交易。

因為在選擇未受控非關係人之交易進行比較時，必須確認該未受控非關係人交易與受控關係人交易，係處於一相同或類似之比較基礎，可供營利事業或稽徵機關直接比較，或於調整後進行比較。蓋倘若二者之差異性過大，則不具有任何比較之實益。因此，於進行可比較程度分析時，依「移轉訂價查核準則」第8條規定，應考慮交易標的資產或服務之特性、執行之功能、契約條款、承擔之風險、經濟及市場情況、商業策略及其他影響可比較程度之因素，以評估未受控非關係人交易與受控關係人交易是否具

可比較基礎及可參考性。然而在進行此各種可比較程度分析時，必須先對於受控交易執行之功能及承擔之風險有所瞭解並據以進行可比較分析，因此「移轉訂價查核準則」規定，移轉訂價報告中應記載受控交易各參與人之功能及風險分析。

在營利事業決定產品或服務之交易價格時，通常主要考慮之因素在於交易相對人對其事業所扮演之角色（即所執行之功能）。如交易相對人為營利事業之供應商或為營利事業提供其他服務，則營利事業於決定與該交易相對人間產品或服務交易之訂價時，勢將衡酌交易相對人對其所提供產品及服務之重要性，而作成價格之決定。因此，未受控非關係人交易是否具可比較性，應探究非關係人與關係人，對於營利事業而言，所提供執行之功能是否相同或類似。於相同或類似之情形下，該未受控非關係人交易始得作為比較之基礎。一般而言，營利事業所執行之功能可能包括有設計、研發、製造、組裝、測試、加工、倉儲、運輸、採購、行銷、經銷、販售、售後服務、管理、財務、會計、法律、稅務、及諮詢服務。

風險承擔與上述執行功能，基本上可說是一體兩面，故除對交易相對人進行功能分析外，尚須對其進行風險分析，始可認為完整。按市場競爭中，交易相對人同意承擔風險，即表示其應受有一定之補償。因此，如果關係人與非關係人必須承擔相同或類似性質或程度之風險，則可認為該未受控非關係人交易可得為比較之基礎。一般而言，營利事業所承擔之風險可能包括有市場風險、研發風險、庫存風險、資本支出風險、利率風險、匯兌風險、信用風險、財務風險。

綜前所陳，於進行可比較性分析時，必須對交易相對人進行功能分析及風險分析，於瞭解非關係人與關係人對營利事業執行相同或類似之功能，或承擔相同或類似性質或程度之風險後，則可進一步決定未受控非關係人交易是否具可比較性，作為評估關係人間交易是否符合常規交易之依據。

如何準備移轉訂價報告（之四）
——可比較程度分析（上）

林恆鋒

黃恩旭

　　納稅義務人所計算之常規交易價格是否得用於證明受控交易之價格與常規交易價格或範圍相當，首應取決於用以計算常規交易價格之可比較對象與受控交易間之相似程度（即「可比較程度」）而定。依美國多年來實施移轉訂價查核制度之經驗看來，徵納雙方就移轉訂價查核結果發生最多爭議之部分，即為可比較程度之認定。我國實施移轉訂價查核制度後，徵納雙方就可比較程度判斷上之爭議，相信亦無法避免。因此，企業有必要就移轉訂價查核制度中可比較程度分析之內涵，有基本之認識。

　　可比較程度之意涵，簡要地說就是受控交易與可比較對象之相似程度。移轉訂價查核準則第 8 條規定在評估可比較程度時，原則上應考量之因素包括：㈠交易標的資產或服務之特性；㈡執行之功能；㈢契約條款；㈣承擔之風險；㈤經濟及市場情況；㈥商業策略等六項。以下茲就前述之各項因素，簡要說明企業在進行可比較程度分析時所應注意之事項：

一、交易標的資產或服務特性分析

　　交易標的之資產或服務常是影響交易價格之重要因素；倘若受控交易及可比較對象之標的資產或服務有顯著之差異，則不得謂受控交易與未受控交易具有相當之相似度，從而二者間之可比較程度自然較低。移轉訂價查核準則第 8 條規定從事交易標的資產或服務之可比較分析時，應考量之因素包括：倘若交易標的為有形資產時，應考量標的之實體特徵、品質、數量及是否包括無形資產；交易標的為無形資產時，應考量其交易型態（如

授權或轉讓等）、資產類型（如該無形資產究竟是專利權、商標權或專門知識等）、法定享有年數及使用該資產之預期利益；交易標的為服務時，則應考量該服務是否包括無形資產，此均係為分析交易標的資產或服務是否具有可比較性之重要因素。

二、功能性分析

當事人從事特定交易所獲得之報酬，往往與該當事人在交易過程中所執行之功能，有相當之關聯性。因此，在分析受控交易及可比較對象間之可比較程度時，有必要分別就受控交易當事人及被選為可比較對象之當事人於各該交易中所執行之功能為何，詳加分析比較。

例如：製造商甲將其自行研發製造之電視銷售予其關係企業乙，甲乙間之交易價格為每臺電視新臺幣 2 萬元，假設製造商甲選定獨立企業丙出售電視予獨立企業丁之交易為可比較對象，用以證明每臺電視 2 萬元之售價與常規交易價格一致；但丙為電視之大盤經銷商，丁為電視之零售商。由於甲所執行之功能為製造及研發，而丙所執行之功能僅有配銷，因此即使丙丁間之交易價格亦為每臺電視新臺幣 2 萬元，但甲、丙所執行之功能差異過大，以至於受控交易與被選為可比較對象之未受控交易間可比較程度較低，倘若該等差異無法藉由適當之調整予以消除，丙丁間之交易價格即可能不適合用於證明甲乙間之交易價格為常規交易價格。

依移轉訂價查核準則第 8 條之規定，從事功能性分析時應予確認及比較之功能項目包括：研究與發展、產品設計、採購及原物料管理、製造、加工、裝配、行銷、配銷、運輸、倉儲、會計、財務及法律等。徵納雙方必須就前述之功能項目加以分析，並比較當事人於受控交易及被選為可比較對象之未受控交易中所執行之功能是否相同或近似，進而判斷特定之未受控交易是否適合被選為可比較對象。

三、契約條款分析

在進行可比較程度高低之判斷時，亦應考量與交易當事人執行之經濟功能及所承擔之風險有關之契約條款。移轉訂價查核準則第 8 條規定，與判斷可比較程度高低有關之契約條款種類包括：報酬之收付方式、交易數量、售後保證之範圍及條件、契約修訂之權利、交貨條件、授信及付款條件等等。

如何準備移轉訂價報告（之五）
——可比較程度分析（下）

林恆鋒

黃恩旭

　　茲就契約條款分析，試舉一例如下：

　　關係企業甲和乙間之交易將每臺電視訂價為新臺幣 2 萬元，獨立企業丙和丁間之交易亦將每臺電視訂價為新臺幣 2 萬元，假設甲乙間契約條款所規定之交易數量為一萬臺電視，而丙丁間契約條款所規定之交易數量僅十臺電視。由於獨立企業從事交易時通常均對大量採購之買受人給予一定程度之折扣，而甲乙間及丙丁間契約條款所規定之交易數量差異極大，以至於獨立企業丙丁間之未受控交易與受控交易間可比較程度較低，倘若該等差異無法藉由適當之調整予以消除，丙丁間之未受控交易即不適合被選為可比較對象。

四、風險分析

　　交易當事人所獲得利潤之多寡常與該當事人於交易中所承擔之風險成正比，因此在評估受控交易與未受控交易間之可比較程度時，應比較各該當事人於交易中所承擔之風險是否相似。應予評估之風險因素包括：市場風險（如成本、需求及價格之變動）、研究與發展活動成敗之風險、財務風險（如匯率及利率之變動）、信用風險（如授信、收款之風險）和產品責任之風險等等。

　　在風險分析之過程中，固應以從事受控交易及未受控交易當事人間所訂定之契約條款內容為主，但倘若交易當事人實際行為所呈現之經濟實質與契約條款有歧異時，各該交易當事人所承擔之交易風險仍須依其行為表

現之經濟實質，加以分析及判斷。

五、經濟及市場情況分析

相同的資產或服務常因其所面臨之市場或經濟環境不同，而產生不同的常規交易價格。因此在判斷可比較程度時，應考量受控交易及被選為可比較對象之未受控交易所面臨之經濟及市場情況是否相似。

例如：關係企業甲和乙於我國境內從事電視買賣之交易價格為每臺新臺幣 2 萬元，獨立企業丙和丁於 A 國境內從事電視買賣之交易價格折合新臺幣亦為每臺 2 萬元，但 A 國對於電視商品採取高額關稅之保護政策，此一保護政策係為我國所不採；因此，倘若此等市場環境之差異無法藉由合理之調整予以消除，丙丁間之交易即不適宜被選為可比較對象。

六、商業策略分析

獨立企業有時可能願意犧牲短期之利潤，先以較低之售價滲透市場並增加市場占有率。這種市場滲透的商業策略，亦往往會對交易價格產生一定之影響。倘若營利事業欲以市場滲透策略之理由，來說明受控交易之交易價格與常規交易價格相一致時，稅捐稽徵機關可能會檢視該營利事業實際從事之活動是否與該商業策略一致（例如是否有密集的廣告或促銷活動）、該營利事業是否有從事該商業策略之能力、以及市場滲透策略存續之期間是否合理等事項。再者，在常規交易之情況下，從事市場滲透策略所需成本之分擔比例，應與市場滲透策略成功後所能獲得預期利益之比例相當。倘若從事受控交易之當事人就市場滲透策略所需成本之分攤比例不符合一般常規交易下之安排，則以市場滲透策略之理由說明受控交易價格與常規交易價格相一致的作法，可能將不為稅捐稽徵機關所接受。

可比較程度分析所介紹之各項因素乍看之下似乎極為明確，但實際操作上則可能牽涉到許多經濟學及法理上的分析。因為在現實生活中，具有高度相似性之交易極為罕見，若受控交易與未受控交易間存有差異，則尚須就該等差異進行調整，而調整的方式又涉及到若干主觀性的假設，絕非

單純會計上或數量上之分析得以解釋並說明清楚。是以，可以預見在移轉訂價查核制度實施後，徵納雙方將對可比較程度分析之結果，產生相當多之爭議。以美國實施移轉訂價查核制度多年的經驗看來，倘若徵納雙方得就可比較對象之選定達成共識，未來發生移轉訂價稅務爭訟的機率即可大幅降低。因此，筆者建議財政部應就可比較分析有關之資料搜集、功能性分析之作法及其他應注意之事項，對國內之營利事業多予宣導，以期避免日後相關爭議之發生。

如何準備移轉訂價報告（之六）
——最適之常規交易方法之選定

林恆鋒

黃恩旭

　　決定常規交易之價格是移轉訂價查核程序中最關鍵也是最困難的一部分，而各種常規交易方法制定之目的，即是要以若干客觀之計算方式分析常規交易之價格；並使稅捐稽徵機關在判斷受控交易是否有不合營業常規安排之情事時，能有所依循。

　　依移轉訂價查核準則第9條之規定，營利事業及稽徵機關應考量受控交易與可比較對象間之可比較程度，以及資料與假設品質之高低等相關因素後，選定「最適」之常規交易方法。由於我國之移轉訂價查核準則係繼受美國法下之「最佳方法原則」(Best Method Rule)，因此營利事業無須就不選用其他常規交易方法之理由，於移轉訂價報告內予以闡明，僅須表明選定最佳常規交易方法之理由即可。因此我國之規定，與 OECD 指導原則中應優先適用傳統常規交易方法之規定，有所不同。

　　關於常規交易方法的選定，移轉訂價查核準則第 10 條至第 13 條已分別就有形資產之移轉及使用、無形資產之移轉及使用、服務之提供和資金之使用等不同之交易類型所應適用之常規交易方法予以規定，且移轉訂價查核準則第 14 條至第 19 條亦分別規定了各種常規交易方法的內涵。現行移轉訂價查核準則內已明確規定其內涵之常規交易方法有：可比較未受控價格法、可比較未受控交易法、再售價格法、成本加價法、可比較利潤法及利潤分割法等。礙於篇幅，本文僅就營利事業於常規交易方法選定時所應注意之事項，予以說明。

　　移轉訂價查核準則第 14 條至第 19 條中雖然已就各種常規交易方法之

內涵予以定義；但如同其他許多法律概念一般，各種常規交易方法之內涵形諸文字時看似明確，但應用於實際之交易事實以判斷受控交易價格是否符合營業常規時，則時常遭遇非原本所預期之障礙。各種常規交易方法中，除了可比較未受控價格法及可比較未受控交易法二者係直接以未受控交易之價格，作為判斷受控交易價格是否符合營業常規之標準外，其餘之常規交易方法均涉及一定程度之經濟分析假設。例如：再售價格法及成本加價法之內涵均假設縱使受控交易和未受控交易之交易標的間存在某些足以影響價格的差異，且該等差異無法藉由適當的調整予以消除，但販售同類型商品所產生之毛利率應屬一致；可比較利潤法之內涵係以可比較未受控交易於特定年限內之平均利潤率指標為基礎，以決定受控交易之常規交易結果；利潤分割法則將受控交易之合併營業利潤區分為例行性利潤及剩餘利潤，再依照同業市場之公平報酬及各交易當事人對交易之貢獻度，分別為例行性利潤及剩餘利潤之分割，進而判定受控交易當事人間就營業利潤之分配是否符合營業常規。由於現實生活中鮮少能取得完全毫無差異之可比較對象，因此能適用可比較未受控價格法及可比較未受控交易法之機會極低，而其他的常規交易方法又涉及一定程度之經濟分析假設；是以，瞭解各種常規交易方法之內涵及作為該等內涵基礎之經濟分析假設，將有助於營利事業為交易資料之蒐集和可比較對象之選定；本系列將陸續介紹各個常規交易方法之內涵及其運用之情況。

　　其次，由於依不同之常規交易方法分析所得出之常規交易結果可能不同，而且各個常規交易方法分析時所需之交易資料也未必一致。因此，倘若不同國家之稅捐稽徵機關對於跨國企業所從事之受控交易適用不同之常規交易方法加以分析時，極有可能使同一之受控交易價格在某一國被認為係常規交易價格，但在另一國卻不被認為是常規交易價格的情況。此外，不同國家之稅捐稽徵機關適用不同之常規交易方法亦可能對跨國企業在交易資料蒐集之過程中，產生極大的困擾。因此，為避免類似之風險產生，跨國企業可以考慮與其交易活動最頻繁國家之稅捐稽徵機關訂定預先訂價協議，並於協議內訂明應採用之常規交易方法。倘若跨國企業從事受控交

易之訂價依預先訂價協議內所訂明之常規交易方法分析後係符合營業常規，則縱使該預先訂價協議對其他國家的稅捐稽徵機關無約束力，但依該預先訂價協議所計算出之常規交易結果，對其他國家之稅捐稽徵機關而言，亦具有相當之參考價值。因此依美國實施移轉訂價查核制度之經驗以觀，預先訂價協議常被跨國企業廣泛運用於降低徵納雙方選用不同常規交易方法之風險。

如何準備移轉訂價報告（之七）
——常規交易分析之執行及結果（上）

李訓鋒

林恆鋒

　　本系列文章以下介紹移轉訂價分析之實際執行階段，即常規交易分析之執行及結果，將簡介企業所應遵守「移轉訂價查核準則」中所規定之各種常規交易方法如何計算，企業如何決定常規交易之結果或範圍，以及如何準備證明文件：

一、可比較未受控價格法或未受控交易法（第 14 條及第 15 條）

　　「移轉訂價查核準則」所定可比較未受控價格法，係以非關係人於可比較情況下，從事有形資產之移轉或使用、服務之提供或資金之使用之可比較未受控交易所收取之價格，為受控交易之常規交易價格。

　　如果具有比較性的話，可比較未受控價格法是決定常規交易價格最直接的方法。舉例如下：

　　臺灣甲公司持有 BVI 乙公司 100% 控股權。甲公司生產主機板每單位成本 2,000 元，銷售予韓國經銷商單位售價 2,500 元，另銷售予其子公司乙公司單位售價則為 2,200 元，乙公司再以 2,650 元單價轉售予非關係國外客戶。臺灣甲公司售予乙公司，應與其售予國外經銷商情況相同，故在此方法下，其常規交易價格應為 2,500 元。其差異 300 元，如果是因為甲公司對上述二者之收款條件（例如收款天數）導致售價上的不同，在證明文件方面，臺灣甲公司可以提出契約上分別對於乙公司與韓國經銷商二者約定的交易條件的不同，及依照產品別列出售價的分類報表作為支持甲公司銷售予乙公司售價之合理性，亦作為常規交易價格調整的依據。

可比較未受控交易法，係以非關係人於可比較情況下，從事無形資產之移轉或使用之可比較未受控交易所收取之價格，為受控交易之常規交易價格，其與可比較未受控價格法之區別，乃因無形資產較有形資產更不易取得可據以比較之未受控交易，特須考量可比較之程度及差異之可調整性，例如授權是否具有專屬性、有無使用限制、有無修改之權利等因素，若無法經由合理之調整以消除該等差異，則應改採其他合適之常規交易方法。

二、再售價格法（第16條）

「移轉訂價查核準則」所定再售價格法，係按從事受控交易之營利事業再銷售予非關係人之價格，減除依可比較未受控交易毛利率計算之毛利後之金額，為受控交易之常規交易價格。其計算公式如下：

常規交易價格＝再銷售予非關係人之價格×（1－可比較未受控交易毛利率）

毛利率＝毛利／銷貨淨額

茲舉例如下：美國甲公司銷售貨物每單位160元予其臺灣子公司丙公司，丙公司未進行任何加工即以每單位200元售予另一非關係企業A公司，如丙公司未向任何非關係之供應商進貨，故無內部可比較未受控銷貨毛利可資比較，如市場上有與丙公司類似之獨立銷售商，可以該類公司之銷貨毛利建立常規範圍，假設常規交易範圍之銷貨毛利為25%～35%，則本例中甲、丙公司間的常規交易價格計算應為，按從事受控交易之營利事業再銷售予非關係人之價格200元，減除可比較未受控交易毛利率（25%～35%）計算之毛利即50元（200×25%＝50）～70元（200×35%＝70）後之金額，常規交易價格之範圍為130元～150元。甲公司對丙公司銷售貨物之價格為160元，高於常規交易價格之範圍10元，如無法合理說明差異之原因，則將被依常規範圍之中位數即140元調整。從而應調降丙公司之進貨

成本。從上例可看出「毛利率」是決定的關鍵。在證明文件方面，依照產品別列出分類報表，丙公司應依產品別先行比較丙公司自非關係人購進再轉而出售非關係人之毛利率，藉以比較與關係人交易有無差異，如果沒有自非關係人購進再轉而出售非關係人之內部可比較毛利率資料，則必須尋找與丙公司類似之獨立銷售商之外部可比較毛利率資料。

如何準備移轉訂價報告（之八）
——常規交易分析之執行及結果（中）

李訓鋒

林恆鋒

三、成本加價法（第 17 條）

「移轉訂價查核準則」所定成本加價法，係以自非關係人購進之成本或自行製造之成本，加計依可比較未受控交易成本加價率計算之毛利後之金額，為受控交易之常規交易價格。其計算公式如下：

常規交易價格＝自未受控交易人購進之成本或自行製造之成本×(1＋可比較未受控交易成本加價率)

成本加價率＝毛利／購進之成本或自行製造之成本

茲舉例如下：

臺灣 B 公司是一家機械零件製造商，每件成本為 1,500 元，銷售零件予其關係企業經銷商 C 公司，售價為 2,000 元，B 亦銷售予 B 公司非屬關係企業之 D、E、F 三家公司相同機械零件，則 B 公司對於 D、E、F 等三家公司之銷售毛利資料 30%、32%、34% 即可作為建立 B 公司銷售機械零件予 C 公司常規交易價格之基礎。B 公司對 C 公司之毛利率為 33%，落於常規交易範圍 30%～34% 之間。從上例可看出「成本率」是決定的關鍵。因此縱使 B 公司對 C 公司之毛利率初步分析係落於常規交易範圍之內，但如果 B 公司對 C 公司與 B 公司對上述三者之收款條件（例如收款天數）實際存在顯著差異，則此項差異必須消除始可判斷 B 公司對於 C 公司之毛利

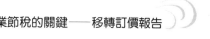

率是否仍符合常規交易。在證明文件方面，C 公司可以提出契約上分別對於約定的交易條件的不同，及依照產品別列出成本不同的分類報表。

四、可比較利潤法（第 18 條）

「移轉訂價查核準則」所定可比較利潤法，係以可比較未受控交易於特定年限內之平均利潤率指標為基礎，計算可比較營業利潤，並據以決定受控交易之常規交易結果。

茲舉一例說明：

美國 MK 公司製造 MP3 行銷全世界，其在臺灣之唯一配銷商子公司 MKT 則負責進口 MK 製造之 MP3 產品，並以 MK 之名在臺灣當地批發，假設 MK 未銷售相同產品予臺灣其他獨立配銷商，且其他生產類似 MP3 產品之公司亦未銷售產品予臺灣其他獨立配銷商，故在分析 MK 與 MKT 2004 年之移轉訂價時無內部可比較資料可供比較，乃取得多位獨立配銷商之公開財務報表資料，並進一步選定扮演與 MKT 類似功能、承擔類似風險且屬相同產業之公司 A、B、C、D、E 及 F 六家資料作為外部可比較資料。

假設 A、B、C、D、E 及 F 六家受測當年度 2005 年之資料無法取得，故取得各該公司 2002 至 2004 年平均淨利率資料，建立其常規交易範圍為 5% 至 10%（A、B、C、D、E 及 F，2002 至 2004 年平均淨利率分別為 5%、5%、7%、8%、10% 及 7%），另假設 MKT 於 2005 年淨利率為 4%，未落於未受控配銷商常規交易範圍之內，本例之中位數落於配銷商平均淨利率之平均數 7%，MKT 如無法說明並消除差異，則將被依常規範圍之中位數即 7% 調整其與 MK 間之移轉訂價。MKT 可以舉出其差異原因藉以消除 MKT 淨利率較低之差異，例如 MKT 因其屬跨國大型企業，其廣告費用及人事費用等或其他營業費用顯較上述六家公司為高致使 MKT 淨利率較低，在證明文件方面，MKT 公司可以提出諸如其餘六家無廣告或市場上廣告顯著少於 MKT 或 MKT 人事規模大於各獨立配銷商致人事成本偏高等，以消除差異，另依照產品別列出分類報表，MK 公司應依產品別先行比較與非關係人間之交易之營業利潤，以利於瞭解差異原因及有無消除之可能。

五、利潤分割法（第 19 條）

「移轉訂價查核準則」所訂之利潤分割法，係於受控交易之各參與人所從事之活動高度整合致無法單獨衡量其交易結果時，依各參與人對所有參與人合併營業利潤之貢獻，計算應分配之營業利潤。其利潤可分為例行性利潤及剩餘利潤，例行性利潤依同業市場公平報酬計算，剩餘利潤則依貢獻指標計算各參與人應分配之營業利潤。

如何準備移轉訂價報告（之九）
——常規交易分析之執行及結果（下）

李訓鋒

林恆鋒

茲舉利潤分割法之一例如下：

臺灣丁公司是一家生產製造雷射音響的公司，於主要零件製造後，出售給香港之子公司——戊公司，再由香港戊公司組裝零件為成品之後進行銷售，就移轉訂價而言，並沒有成本加價或再售價格或可供比較價格供參考，故臺灣丁公司採用利潤分割法來決定其移轉價格。

丁公司所提出依利潤分割法為基礎所編製之損益表

	臺灣丁公司	香港戊公司	合併報表
銷貨收入	60	120	120
銷貨成本	(50)	(60)	(50)
銷貨毛利	10	60	70
銷管費用研發	(3)	0	(3)
銷管費用廣告	0	(9)	(9)
銷管費用	(2)	(6)	(8)
營業淨利	5	45	50

獨立之配銷商 A、B、C、D、E 公司之平均營業淨利率為 5%

獨立之製造商 R、S、T、V 公司之平均營業淨利 / 銷貨成本為 20%

步驟 1：計算受控交易各參與人之合併營業利潤，即 5+45=50。

步驟 2：以合併營業利潤 50 為基礎，按例行性貢獻分配例行性利潤。

步驟 2-1：進行功能性分析，確認丁公司及戊公司可資辨識市場公平報酬之各項營業活動，並以該等營業活動為分配例行性利潤之基礎。

步驟 2-2: 依丁公司及戊公司執行之功能、承擔之風險及使用之資產，選定可比較非關係人分別為獨立製造商 R、S、T、V 公司及獨立配銷商 A、B、C、D、E 公司。

步驟 2-3: 丁公司之可比較非關係人 R、S、T、V 公司執行製造功能之平均營業淨利／銷貨成本為 20%，戊公司之可比較非關係人 A、B、C、D、E 公司執行配銷之平均營業淨利率為 5%，依此可計算丁公司及戊公司之例行性貢獻及其應得之市場公平報酬。

（丁公司之銷貨成本）×20%=50×20%=10

（戊公司之銷貨收入）×5%=120×5%=6

故例行性利潤 =10+6=16

步驟 3-1: 將合併營業利潤減除分配予各參與人之例行性利潤，計算剩餘利潤，即 50-16=34

步驟 3-2: 以外部市場公平報酬，假設丁公司每元研究與發展支出與戊公司每元廣告支出對無形資產之貢獻相同，則丁公司之研究與發展活動與戊公司廣告行銷活動對無形資產之貢獻價值分別為 3：9=1：3

步驟 3-3: 以剩餘利潤 34 為基礎，按丁公司與戊公司對於無形資產之貢獻價值 1：3，計算其應分配之剩餘利潤。

應分配給丁公司之剩餘利潤 = 34×1/4=8.5

應分配給戊公司之剩餘利潤 = 34×3/4=25.5

丁公司之常規交易利潤 = 例行性利潤 + 剩餘利潤 = 10+8.5=18.5

戊公司之常規交易利潤 = 例行性利潤 + 剩餘利潤 = 6+25.5=31.5

丁公司之常規銷貨淨額 = 受控銷貨淨額 +（常規營業利潤 − 受控營業利潤）= 60+18.5-5=73.5

戊公司之常規銷貨成本 = 受控銷貨成本 −（常規營業利潤 − 受控營業利潤）= 60-(31.5-45)=73.5

在證明文件方面，依照產品別列出分類報表，丁公司應依產品別先行

比較與非關係人間之交易之營業利潤，以利於瞭解差異原因及有無消除之可能。

　　本系列文章，已先後依「移轉訂價查核準則」之規定介紹營利事業在準備「移轉訂價報告」各項內容時，所可能面臨的各項問題。由這些移轉訂價報告的主要問題觀之，大多並非單純會計上或數量上之分析，而在於受控交易與非受控交易之可比較程度、可比較對象的選定、最適常規交易方法的選定及解釋差異等非數量的問題上，此涉及許多法理之分析且需嫻熟之論述與溝通技巧，企業宜配合外部專家及早準備，以預防可能的移轉訂價爭議，方為上策。

第四編　併購的租稅問題

企業併購法租稅措施之不對稱現象（上）

曾　沂

彭運鵾

　　企業併購之方式可分為合併、分割及收購三種，相同立法目的之租稅措施，如果在三種併購類型中有不同的適用要件及課稅效果，除非有相當的理由使立法者有意採行差別待遇，否則即可能是法律規範有所遺漏，造成租稅措施不對稱的現象。

　　租稅措施不對稱，難免會影響併購方式的選擇，甚至於併購雙方合意的達成，導致租稅對於併購商業行為未能保持中立之立場，而有干擾私經濟自由的問題，此為企業併購法特別強調排除租稅障礙之立法原則所應避免。

　　最明顯之處應在於第 34 條有關免徵或緩課併購移轉財產之各項稅捐，規定如果是收購財產或股份，收購之對價必須有 65% 以上係以有表決權的股份支付，才能免徵或緩課。而且被收購公司在取得併購對價之股份後，三年內如因轉讓導致持股少於上開 65% 的比例時，被收購公司即應補繳併購當時移轉土地所記存的土地增值稅，但是對於合併或分割之併購類型並無此項限制。

　　公司進行分割時，依照第 4 條第 6 款規定，被分割公司或被分割公司的股東，基本上將 100% 取得分割出公司（即受讓營業之既存公司或新設公司）所發行的新股，與上開 65% 繼續持股門檻之法理相同，免徵或緩課其併購移轉財產之各項稅捐，符合「財產形式移轉不課稅」之精神，尚無須針對分割特別規定股權對價之下限比例。

　　此處所稱財產形式移轉，乃相對於財產實質移轉而言，無論是形式或實質移轉，法律上皆已發生物權變動之事實。惟形式移轉係指公司在併購前原來直接持有之財產，併購後透過相當程度之持股關係，公司對於該財

產之利益與風險，仍可認為保持間接持有之相關性，則財產移轉並非發生實質處分財產之效果。至於實質上真正處分財產，當指為終局享有處分財產之利益或負擔損失而為財產處分，原所有權人於處分後不再與該財產有任何損益之聯結。

併購移轉財產若透過相當之繼續持股關係，而與併購前之損益實質歸屬無甚改變，即與移轉財產時所應課徵稅捐之立法目的有別，包括對交易憑證所課之印花稅、對移轉行為所課之契稅、證券交易稅及對銷售行為課徵之營業稅，亦包括土地所得之土地增值稅。

公司股東在併購前後之持股狀態未實質重大改變時，併購所移轉之財產將來發生損益，股東仍係損益歸屬之對象，亦可稱為財產形式移轉。例如合併消滅公司股東喪失消滅公司股票，同時取得合併後新設或存續公司之股票，在價值相當之範圍內，原來消滅公司之未分配盈餘，繼續轉列存續或新設公司，則不於併購時課徵消滅公司股東之盈餘所得稅。

不過若是合併時，依照第 4 條第 3 款規定，消滅公司之股東可能係100% 取得現金、其他財產或其他公司之股份作為其合併之對價，實質上已完全脫離對於原來財產的利益與風險關係，若仍免徵或緩課各項稅捐，也許可以減輕支付合併對價之資金負擔，惟不免與收購 65% 股份門檻要件有所不對稱，且不符合財產形式移轉之意義。

且收購三年內處分股權應補繳記存土地增值稅之閉鎖限制，未見於合併及分割，該項防止藉併購名義緩課土地增值稅之立法作用，亦可能因規範不對稱而不足。

企業併購法租稅措施之不對稱現象（下）

曾　沂

彭運鵾

企業併購法租稅措施不對稱之問題，亦可見於第 39 條第 1 項，條文規定公司讓與全部或主要之營業或財產，如果取得 80% 以上的股份對價，並且將股份全數轉讓給股東，可以免徵公司的營利事業所得稅。其中，將股份全數轉讓給股東的要件，將使公司減資而股東取得併購對價之股份財產，股東可能因此須繳納股東所得稅。

在兩稅合一之下，該項免徵營利事業所得稅之規定並非實質上之免稅，即使不免徵被收購公司之營利事業所得稅，基於股東可扣抵稅額制度，亦未實質增加稅負。反面而言，若第 39 條免徵營所稅之理由，在於可即時課徵股東所得稅，則股東於併購時立即發生之稅負，未必輕於對被收購公司課徵營利事業所得稅。

且對照第 34 條所揭示財產形式移轉不課稅之法理，股東既取得高達 80% 之收購公司股權，較之第 34 條 65% 股權對價比例，更應不課其稅捐為是。姑且不論第 39 條以較高之 80% 股權對價已有不對稱之現象，若「將股份全數轉讓給股東」之目的在於課徵股東所得稅，同樣與「免稅改組」之基本立法原則不相符，且無採取差別待遇之必要。

分割在第 39 條第 3 項有相同之規定，但是「將取得之股份全數轉予股東」之條件，因分割係 100% 取得股份，形成分割免徵營所稅之門檻更高，亦有欠缺平衡對稱之處。

至於合併因為被合併公司已消滅，股東直接取得合併之對價，無論是現金或股份，皆可全數用以衡量股東有無應課稅之所得，故第 39 條並無合併之規定。對照合併不課徵消滅公司之營所稅，收購與分割之規定似嫌嚴格。

　　第 39 條處理了營所稅，卻無對應處理股東所得稅之規定。例如股東如繼續持有併購對象之股份，依照繼續參與經營之法則，股東所得稅理應有緩課之機制。又所得應如何衡量，所得之性質如何區別營利所得或證券交易所得，皆為避免課稅爭議所當有之對稱規定。

　　又第 39 條規定併購免徵營所稅，相對規定併購產生之損失，亦不得自所得額中扣除，二者規範看似對稱實則不對稱。稅法上有關所得免徵、損失不得列報之制度，係因免稅項目之損失若再從應稅所得中減除，將造成雙重利益問題。

　　但是併購所得免徵營所稅並非真正免稅，允許認列併購損失並無雙重利益。不得列報併購損失之規定，將產生有所得時可全數轉讓股份給股東，有損失時則不轉讓併購對價之股份給股東，以免不得列報損失。

　　若將第 39 條「其因而產生之損失，亦不得自所得額中減除」解為無論是否將取得之股份全數轉讓給股東，均不得列報併購損失，則又與第 43 條規定併購交易損失得於 15 年內認列之規定相衝突。

　　此外，第 38 條併購虧損扣除唯獨遺漏收購財產之類型，被收購之對價若係取得收購公司之股份，其實質經濟效果與分割近似。若讓與全部或主要部分之營業或財產後，被收購公司解散消滅，則又與合併類同。收購財產之虧損扣除機制付之闕如，亦使併購租稅措施未能維持三種併購類型之平衡性。

　　企業併購法租稅措施不對稱之問題，並不限於本文所例舉。排除規範之不對稱問題，才能避免無意造成之併購租稅障礙，故對稱性之檢驗，應可作為將來修法時思考問題之一種方法。

消滅公司股東之合併所得（一）
──盈餘權益項目

曾　沂
彭運鵾

　　公司進行合併，消滅公司之股東應否課徵及如何課徵所得稅，企業併購法並無特別之明文，基本上應回歸所得稅法之課稅制度，並應兼顧併購稅制之基本精神，包括保持租稅中立、排除租稅障礙以及不對繼續參與併購後經營者課稅等原則予以探討。

　　然關於合併消滅公司股東之所得稅問題，所得稅法亦無明文，稽徵實務悉以財政部函釋為據。財政部相關之解釋始於 70 年臺財稅第 34160 號函，認為消滅公司每股淨值大於存續公司時，消滅公司股東可換得存續公司股票之面額，將大於原持有消滅公司股票之面額，其差額係存續公司以因合併所產生所得之資本公積轉增資配發股票之結果。財政部並依當時之課稅觀念，表示股東取得資本公積轉增資配發之股票時免予計入當年度所得課稅，嗣後股東轉讓增資股票應按全部轉讓價格作為證券交易所得。此種認為每股淨值差異產生合併前後持股面額變動之衡量所得方法，姑且稱為「面額比較法」。

　　上開解釋原編列於獎勵投資條例第 27 條證券交易所得免稅條文之法令彙編中，獎投條例廢止後，因促產條例第 15 條專案核准合併以及所得稅法第 4 條之 1 停徵證券交易所得稅條文之法令彙編，均未收納該函釋，基本上已非可直接據以援引適用。惟因該函釋經摘錄列作獎投條例之參考法令，且若其對於公司合併之股東所得觀念符合租稅原理，仍非不得參照作為法理而予引據。

　　消滅公司股東因合併而換得較多股票面額，超出之部分如係反映消滅

公司較高之淨值，而較高之淨值可能來自盈餘或股本溢價等各種資本公積之股本以外權益項目，此時消滅公司股東有無應課稅之所得，似可分析消滅公司股東多取得之股票面額，係來自消滅公司股東權益之何種項目而定。

財政部 72 年臺財稅第 31904 號函釋公司合併時，消滅公司帳列未分配盈餘，應以原科目轉併存續公司，即存續公司仍應以未分配盈餘列帳，存續公司如利用未分配盈餘轉增資，股東應於取得股權時列為當年度所得課稅。

上開函釋之原意，應係認為存續公司如未在合併時多發行股票給消滅公司股東，無法立即對消滅公司股東課徵股利所得稅，則存續公司應繼續以未分配盈餘之科目列帳，俾有利於稽徵機關之追蹤課稅。

反面言之，合併當時多發行股票若係源自消滅公司之未分配盈餘，即應課徵消滅公司股東所得稅，而實質改變原來一概視為存續公司合併溢價資本公積轉增資之見解。

依照「面額比較法」衡量所得之法則解釋，消滅公司股東換得較多面額股票，係消滅公司有較高之每股淨值，而較高每股淨值若來自消滅公司帳上未分配盈餘，應於合併時依股票股利規定課稅。

嗣 92 年臺財稅第 920453015 號函釋，更明確指出消滅公司之未分配盈餘、法定盈餘公積及特別盈餘公積，均屬未分配盈餘性質，皆應以原科目轉併存續公司。

歸納上述財政部解釋意旨之推求，消滅公司股東因合併如有實質取自盈餘權益項目之所得，包括盈餘公積，甚至受贈所得及庫藏股票交易所得之資本公積，且無論股東是取得股票或現金，均有課徵股東所得稅之問題須加以注意。

消滅公司股東之合併所得（二）
——股本溢價及庫藏股票交易溢價

曾　沂

彭運鶡

　　資本公積轉增資配股應否課徵股東所得稅，依照目前之課稅觀念，應可認為視資本公積之來源而定，例如股本溢價或受贈所得即有不同，並非當然不課徵所得稅。且若無緩課之規定，轉增資時即應課稅；若為緩課之股票，則於嗣後轉讓時，面額部分為營利所得，超過面額部分則屬證券交易所得。

　　股本溢價部分，依促產條例第 19 條規定，公司將發行股票超過票面金額之溢價作為公積時，免予記入當年度營利事業所得額課稅。但稅法上並無規定股東取自股本溢價轉增資配發之股票，免予記入當年度股東所得額課稅，得否免課稅似有疑問。

　　促產條例該規定之立法理由說明：「發行股票溢價為股東投入之資本，規定不視為所得課稅。惟此項規定非屬獎勵措施宜納入所得稅法，俟所得稅法修正後即刪除。」確認股本溢價並非公司之所得，而係股東投入資本，與股本之性質相同。

　　股東將來取回投入資本，無論是股本或股本溢價，均屬取回原始出資額，依理而論，不應對股東課稅為是。此結論從學理到稽徵實務均尚無爭議，惟參照行政院 56 年臺經第 9494 號令及財政部 56 年臺財稅第 13055 號令：「資本公積應有免稅規定方得據以免稅。」股東取自股本溢價轉增資之股票，仍非毫無被解釋為應課稅之可能性。

　　前述立法理由特別指出股本溢價免稅規定非屬獎勵措施，應係相對於司法院釋字第 315 號解釋：「股本溢價應否免稅，立法機關依租稅法律主義

得為合理之裁量」、「無免稅規定即不在免稅之列」等見解而生。大法官解釋之前提係將股本溢價免稅視為租稅獎勵，然隨課稅觀念時空背景之發展，股本溢價免稅乃性質之所當然，而非租稅之優惠，且應不待免稅之明文即得免稅。

財政部似可無須疑慮「無免稅規定即不在免稅之列」之歷史，明確肯定表示合併消滅公司股東取自股本溢價發行之股票免予課稅，消除不必要之課稅灰色地帶。

至於庫藏股票交易溢價，93年臺財稅第930453167號函釋，要旨略以子公司處分母公司股票之所得，母公司依會計準則公報應列為「資本公積－庫藏股票交易溢價」，子公司後來解散清算，將該清算股利分配給母公司，應計入母公司當年度投資收益，進一步闡明具有所得屬性之資本公積，仍將回歸盈餘課稅法則。

庫藏股票交易溢價與股本溢價均有股東投入資本溢額之本質，但前者為次級市場證券交易之所得，後者則為股東投入資本超過股票面額之原始出資額，毫無所得之內涵，二者「去路」之徵免應有不同。

解釋函又說明：「上開資本公積（庫藏股票交易溢價）撥充資本，因與合併之案情有別，尚不宜逕就資本公積認屬未分配盈餘而予歸課股東所得稅。又關於資本公積配股究竟應否課稅，本部刻正另案審慎通盤研議中。」

可推知庫藏股票交易溢價之資本公積，若因合併而轉列存續公司，可能因其具有未分配盈餘性質，當合併時多發股票或合併後存續公司將之轉增資時，應予課徵股東所得稅。

財政部對於股東取自盈餘性質資本公積採取應課稅之立場愈趨明顯，期待未來通盤研議資本公積配股課稅問題後，能對消滅公司股東之合併所得課稅問題充分釐清，同時對於繼續持有存續公司股票之股東，基於企業併購有關租稅中立、排除租稅障礙以及不對繼續參與併購後經營者課稅等原則，明定不於併購時課徵股東所得稅之規範。

消滅公司股東之合併所得（三）
——取得現金或股票之別

曾　沂
彭運鷁

　　資本公積配股應否課稅，除了有無所得性質之爭議外，對於所得實現之時點，會計原則與課稅法則之立場亦有不同觀點，且有關課稅金額之認定，從過去獎投、促產之立法，以及財政部之解釋，緩課股票均有轉讓金額與股票面額從低課稅之觀念，無非是為了解決股東實際變現低於面額時，按面額課稅之不合理。

　　此現象反映配股時課稅相對於變現時課稅，可能產生過度課稅，甚至增資配股後因公司虧損而減資收回增資股票，股東到底有無實質可課稅之所得，亦非無疑。增資配股時點課稅之妥適性，本文於此不多討論，僅提出供探討合併時課徵股東所得稅問題之附帶參酌。

　　有關消滅公司股東課徵合併所得稅，財政部 93 年臺財稅第 09304538300 號函，要旨為消滅公司所取得之全部合併對價已超過全體股東之出資額（包括股本及資本公積增資溢價、合併溢價），該超過部分並全數以現金實現，故其股東所獲分配該超過部分之金額，應視為股利所得（投資收益），依規定課徵所得稅。解釋函似表現幾項觀念，以下分別說明。

　　其一，合併對價係由消滅公司取得，再分配給股東。合併之特質係消滅公司於合併基準時點瞬間消滅，消滅公司之股東本應係公司消滅之同時，自存續公司取得給付對價。但是從課稅者之觀點，仍將合併對價之流程，認為是先從存續公司到消滅公司，再從消滅公司到股東。

　　若將合併對價視作存續公司對消滅公司股東之給付，則消滅公司股東之所得，有解為因處分股票而生證券交易所得之疑問。倘合併對價係存續

公司給付消滅公司，再由消滅公司瞬間給付給股東，則股東之所得性質自然為取自公司之盈餘，可免於證券交易所得免稅之結果。

其二，出資額廣泛包括股本、資本公積增資溢價及合併溢價。股本部分固無疑問，資本公積增資溢價當指增資時發生之股本溢價，本於相同之理，應可認為解釋意旨及於初次募集之股本溢價。

至於合併溢價，應是公司前次合併發生溢價，亦即合併時取自消滅公司之資產負債淨額大於給付消滅公司股東之對價，性質為消滅公司股東對存續公司股本之超額挹注。由此可見財政部對於股東取回溢價出資，明確採取不課稅之立場。

其三，消滅公司股東取得超過股本及溢價出資部分，應視為股利所得。換言之，凡具有盈餘權益性質之消滅公司股東合併所得，無論是源自未分配盈餘、特別盈餘公積、受贈公積、庫藏股票交易所得或法定公積，皆是消滅公司分配盈餘之股利性質。相對可推知財政部對於股東取回出資額以外部分，明確採取一律課稅之立場。

其四，合併對價超過股東投入資本部分，股東若取得現金即已完全實現所得，自應於取得年度課稅。倘股東係取得存續公司股票，是否亦應於當年度課稅，解釋文並無明示，在論理邏輯上尚難遽予反面解釋為不於合併時課稅。

惟消滅公司股東係於合併時瞬間成為存續公司股東，其取得存續公司之股票若於取得時課稅，難免衍生前述提前課稅或過度課稅問題。又倘股東因此而出售股票用以繳稅，對於併購法制鼓勵消滅公司股東繼續參與經營之立法良意，不免發生衝擊，課稅時點尺度之拿捏，值得詳加思考。

消滅公司股東之合併所得（四）
——股票對價應依面額或時價課稅

曾　沂

彭運鵾

　　上篇專欄討論財政部 93 年 9 月 21 日臺財稅字第 09304538300 號函釋，以合併消滅公司所取得之全部合併對價已超過其全體股東之出資額（包括股本及資本公積增資溢價、合併溢價），該超過部分並全數以現金實現，故其股東所獲分配該超過部分之金額，應視為股利所得（投資收益），依規定課徵所得稅。

　　現金實現所得應課稅之見解，除表現認定課稅時點之意義外，尚隱含併購所得之衡量，係以併購對價之時價或消滅公司帳面盈餘權益科目之問題。在現金對價之情形，基本上應是按消滅公司淨資產之時價計算結果，合併對價超過出資額並全數以現金實現，將產生以時價課徵消滅公司股東所得稅的結果。

　　若是合併對價為股票時，姑且不論宜否在併購時點課稅，對於課稅所得之計算，係以併購對價之股票時價或面額衡量，從上開函釋並未可得知。本來，消滅公司股東該有多少課稅所得，應與合併對價是現金或非現金無甚關聯，亦即若可確立時價課稅，現金對價固已表現時價，股票對價亦應以時價衡量股東之所得，方符合課稅之一致性。

　　不過在現行課稅實務上，時價課稅原則仍有一些例外，最主要之原因可能是時價不易客觀認定。以股票股利而言，除時價認定問題外，尚有股東取得股票股利所得，與公司未分配盈餘轉增資數額有相對關係，轉增資之未分配盈餘依股票面額計算增資數額，股東依面額衡量所得將等於公司未分配盈餘轉增資數額，故股票股利一貫皆以面額計算股東所得。

函釋將超過出資額部分視為股利所得，依股東取得股票股利按面額課稅之原則，似得到消滅公司股東所得應依面額衡量之結論。按股票面額計算所得與現金實現所得之基礎固然稅負不同，但因現金並無評價問題，股票才有，如同發放現金股利或股票股利，課稅事實本即有別，且課稅上向來對股票面額與時價之差額皆不於取得股票時課徵，對以股票為併購對價課以較低度之稅捐，與鼓勵繼續經營之併購立法目的亦正相符。

將來時價課稅體制若清楚確立時，股票對價之所得按時價課稅，有所得稅法第 14 條第 2 項可資依據，股票股利之所得衡量亦當如此，股票所得不論是股利或合併對價，評價基礎應該相同。

若再考慮股票股利所得與公司之未分配盈餘具有相對性，而對合併股票對價採行差別處理，則應先改變函釋將合併對價「視為股利」之見解，將合併對價解為消滅公司股東直接取自存續公司之合併所得，課稅基礎無須再與消滅公司之未分配盈餘連結，亦與存續公司之未分配盈餘不存在相對性，在此前提下，才能不改變股票股利按面額課稅之原則，而對合併之股票對價採時價課稅。

併此附帶說明，當母子公司進行合併，子公司於合併消滅後，其營業及財產成為存續母公司之分公司，當母公司於合併前投資子公司科目之帳面價值，超過子公司之淨值（含股本、股本溢價資本公積、法定公積、保留盈餘），此時消滅公司及消滅公司之股東（即母公司）是否有應予課稅所得問題；以及將分公司分割為子公司，或子公司合併為分公司，原來帳上之保留盈餘應否於併購時課徵母公司所得稅，在跨國併購之情形，此類問題可能特別明顯，均有待再研究討論。

消滅公司股東之合併所得（五）
——公司與股東公司合併之情形

曾　沂

彭運鵾

　　企業集團可能因調整組織經營結構，而以合併之方式由母公司收回子公司之投資。一般公司進行合併時，亦可能因直接合併發生困難，在策略上改以先收購股份，再作母子公司合併。此外，外國公司若擬將本國子公司改為分公司經營，透過合併即可達到目的。

　　母子公司（尤其是百分之百持股關係）進行合併之本質為內部改組，子公司於合併消滅後，其帳上資產及負債轉為存續母公司直接所有，母公司之投資科目則予沖銷。當母公司投資科目之帳面價值（代表取得投資之成本淨額），超過子公司之淨值（包括股本及溢價、盈餘權益科目），從形式上而言，似有付出超過子公司帳面價值之併購對價現象。

　　不過母公司投資科目超過子公司資產負債之數額，若依擬制之方法視同消滅子公司有處分資產及負債之所得，然後對消滅子公司課徵所得稅，或由存續母公司概括承受子公司之納稅義務，或是對存續母公司課徵其基於消滅公司股東身分之所得稅，致使存續母公司係合併之支付對價者，再以其亦為合併之取得對價者而須課稅，結果顯然難以接受。

　　從經濟效果觀察，存續母公司係以高於淨值之代價取得消滅子公司，並無所得之事實，真正之所得人是出售股份之原來股東。即使是先收購股份隨即合併之情形，消滅公司原來之股東僅有出售股份之行為，若將嗣後母子公司合併視為消滅公司之原股東有合併所得而對之課稅，在法律上恐怕亦非可行。

　　因此，財政部93年9月21日臺財稅字第09304538300號令所謂合併

對價超過出資額（包括股本及溢價公積科目）部分（包含消滅公司之未分配盈餘），應視為股利所得而課稅之解釋，對母子公司合併應無適用。

至於子公司帳上如有未分配盈餘或其他盈餘權益項目，母公司在合併後直接持有子公司之資產及負債，相當於子公司已將代表盈餘之財產分配給母公司（股東），亦即母公司已取得盈餘分配之財產，理論上應可於併購時點對之課稅。

惟為減少內部改組之租稅障礙，母子公司內部合併似可與一般公司外部合併同等適用財政部72年3月23日臺財稅第31904號函釋，將消滅公司帳列未分配盈餘，以原科目轉併存續公司而緩課。又除了存續母公司以外，子公司其他股東如依上開93年函令規定課徵「視為股利」之所得稅，其中所含子公司未分配盈餘部分，應免轉併存續公司，否則將造成重複課稅。

應注意者，當母公司為外國公司時，子公司因合併而成為外國公司之在臺分公司，依財政部60年3月5日臺財稅第31579號函釋，分公司匯回盈餘非屬股利分配，無須再行課徵所得稅，併購前之盈餘如未能妥為勾稽，則可能在併購後分公司匯回盈餘時漏予課稅，應有控管之機制。

在相反為分割之情形，若外國在臺分公司因分割而成為在臺子公司，原來分公司尚未匯回之盈餘，併購後無論成為子公司之股本或溢價，則應保持併購前原來不必課稅之地位才符合公平。

再進一步推論，消滅公司與其未達母子公司程度之股東公司進行合併，或是進行存續分割而分割後持股未過半，基於上述理由，合併前或分割前之盈餘權益科目，亦應作相同之處理，是否為母子公司似非重點。

消滅公司股東之合併所得（六）
—— 商譽與稅上攤銷

曾　沂

彭運鵑

　　商譽的本質應指超越一般獲利能力之企業無形價值，對此未來超額獲利之經濟利益如果是經由交易付出對價成本而取得，則將來實現超額經濟利益時，其中一部分應該屬於對價成本的收回，此為會計上攤銷商譽之理論基礎。

　　會計上攤銷商譽未必等同於稅上可認列攤銷費用，稅上攤銷之作用在於減少課稅所得以避免過度課稅，與會計追求財務報表之允當表達不盡相同。稅上可否作為費用，應在稅源有無流失以及是否重複課稅間權衡斟酌。

　　簡言之，如果對出售商譽者課過所得稅，則超額獲利之盈餘已被課過一次稅，對取得者即應承認其對價成本的收回，不對該超額盈餘再課一次稅，認列商譽攤銷是避免重複課稅之方法。反面情形，對出售商譽者倘未課稅，再准許出價取得商譽者攤銷，將造成稅源流失之漏洞。

　　在現金合併之情形，消滅公司股東取得超過出資額之合併對價（其中已包含處分超額獲利能力之所得），且全數以現金實現，應視為股利所得課徵消滅公司股東所得稅，財政部 93 年 9 月 21 日臺財稅第 09304538300 號解釋有案，出價取得之商譽可提列攤銷費用應無疑問。

　　至於以股權合併之情形，存續公司帳上借方認列商譽資產，貸記股本。合併時增加之股本係商譽作價投資而來，存續公司形式上似未付出對價。但是該項新增股本同享存續公司之全部資產，且嗣後超額獲利能力實現轉為有形之資產，可充實原屬估計而來之合併新增股票價值，消滅公司股東確有「逐年實現」之所得，存續公司則有實質支付對價。

　　問題是倘若合併時未課徵消滅公司股東之所得稅，股票價值的充實又因商譽攤銷而無法課稅，將來處分股票之證券交易所得復又免稅，難免誘發高估合併商譽以規避稅負之行為。

　　稽徵機關實務上或有主張以發行新股方式進行合併之商譽非屬出價取得，或是以公司無法舉證併購價格之合理性，甚至謂商譽攤銷係屬財務會計問題而與稅法無涉，其不准認列攤銷之原因當係擔心稅源流失問題。不過癥結應在於前端未課徵消滅股東之合併所得稅，後端證券交易所得又免稅所致，並不是商譽在稅上攤銷有何特殊於會計原則之理由。

　　如果商譽之真正所得人是消滅公司股東，即應設法課徵消滅公司股東之所得稅。不准存續公司攤銷商譽之結果，將使存續公司原來之股東也受到影響，形同分擔消滅公司股東之稅負。

　　「商譽」科目原是不可辨認無形資產之統稱，本為反映「商業上良好信譽」之價值，但其較中性之名稱應是「遞延借項」，表示並非必然為有價值之無形資產，甚至只是「遞延損失」之性質。且「遞延借項」並未如商譽具有與企業不可分之特性，不要求被併購之公司必須消滅，即使是收購及分割之移轉部分營業及資產，亦可以單獨辨認而發生。

　　例如高價取得包括一項長期低價供應合約之收購，或是廣大客戶群部門之分割，其超額取得成本之遞延借項；或是概括承受負債大於資產之公司，其借方科目缺口，依上述說明亦非不得作稅上攤銷。

　　商譽攤銷改用遞延借項觀念，可擺脫傳統之狹義「出價取得」及「不可分性」爭議，較能符合現代併購類型多樣化及商譽概念抽象化之環境需求。

案例憲法 I、II、III 李念祖／編著

　　案例憲法，是憲法教科書的另一種型態嘗試。如何實踐憲法所欲提供的人權保障，則是統一貫串本書的中心思想。法律是實用之學，憲法亦不能例外。與其他法律學門相比，憲法學更殷切地需要尋找落實人權保障抽象規範的有效方法，憲法解釋則是驗證憲法實用價值的最佳紀錄與佐證。將一個一個詮釋憲法精義的案件，累積集合起來的憲法圖像，就是真正具有生命力的憲法。本書透過憲法案例，拼集出司法殿堂中由真人真事交織而成的憲法圖像，對於憲法的生命力做有系統的巡禮，也檢驗出「人」對憲法的需要，以及憲法對「人」的價值。

理律聲請釋憲全覽──人權篇（一）
理律法律事務所／著

　　在現行憲法解釋的實務上，大法官向來較為偏重抽象法律概念的解釋；然而在每一號解釋的背後，都有著活生生的「人」在訴求或主張他們對人性尊嚴的根本需要，以及對其個人權利能夠真正受到公權力尊重的深切期待。現今坊間雖不乏可供查閱大法官解釋內容的管道，但對於有心關注解釋案件起因、過程及後續發展的人來說，往往仍有難窺全貌之憾；本書將理律法律事務所過去承辦人權案件的相關資料加以整理、彙編，並提供簡要的評述，即是希望能更完整地呈現這些人權解釋背後的「人」的面貌，並對未來各界更深入的個案研究有所助益。

超國界法律論集 —— 陳長文教授六秩華誕祝壽論文集
陳長文教授六秩華誕祝壽論文集編輯委員會／編

　　本論文集係由陳長文教授之門生所號召，為祝賀陳教授六秩華誕而出版。陳教授自哈佛大學學成歸國三十餘年，教育菁英無數。其所倡導之「超國界法律」不但讓學子們耳目一新，更開拓了寬廣的視野。所謂超國界法律，本係由美國國際法知名學者Philip Jessup所創。其主要特質，在於打破傳統法學對於公法與私法之區分，而認為許多跨國案件，其所涉及或適用的法律，很多時候包含了國際法與國內法。因此，在具體個案，法院須時常考量條約或協定的規定及其與相關國內法的關係。陳教授認為，法律人必須具備超國界法律的思維，才不致於故步自封。今祝壽論文集以此命名，目的係再次宣揚超國界法律思維對法律人的重要性。本論文集內容除包括七位社會知名人士對陳教授的觀察外，尚收錄論文十四篇，涉及的議題涵蓋政治、經貿、人權、環保及公共衛生等，學術價值甚高。

超國界法律彙編（精裝本）　　陳長文、李永芬／主編

　　什麼是超國界法律(Transnational Law)？所有規範超越國界的行為或事件的法律，國際公法、國際私法以及其他無法全然歸類於一般（純內國法）的規範均屬之。換句話說，凡是非百分之百內國法的案件，均屬超國界法的問題。在當今交通便捷、電訊網路發達，經濟自由化、全球化的世界村中，純內國法案件與日俱減，超國界法的案件則是相對的增加。基於此，超國界法的研究是不容忽視的。

　　這本超國界法彙編是一本專門領域的法典，也是國內第一部超國界法的法典。編者衷心希望這本法典除了如一般法典一樣帶給使用者便利使用的功能外，更能激發身處臺灣地區的讀者，體會到在廿一世紀的今日建立超國界法律思維的重要，進而從立法、司法或行政，以及日常生活中法律適用等各種角度，以將內國法融入超國界法的態度來看待超國界法。

大法官會議解釋彙編　三民書局／印行

　　近年來，聲請釋憲案件與日俱增，其中大部份均與人民之基本權利息息相關，如釋字第五三五號關於「臨檢」法律疑義的解釋，對人民自由與警察自身安全之維護兼籌並顧；第五八四號對營業小客車駕駛人職業選擇自由的限制；以及第五八五號關於「三一九槍擊事件真相調查特別委員會條例」是否違憲等，影響人民生活至為深遠。有鑑於此，本書完整彙編大法官會議第一號至第六一〇號解釋，逐條臚列解釋文及理由書，對解釋內容所涉之法規條號亦作整理，除可讓一般社會大眾查閱及學生學習外，更可供實務界人士研究參考。